Bert Roebben
Schulen für das Leben

Bert Roebben

Schulen für das Leben

Eine kleine Didaktik der Hoffnung

Mit einem Vorwort von Norbert Mette

Calwer Verlag Stuttgart

„Don't ask what the world needs.
Ask what makes you come alive, and you do it.
Because the world needs people who have come alive."
(Howard Thurman, 1899–1981)

Bibliografische Information der Deutschen Bibliothek

Die Deutsche Bibliothek verzeichnet diese Publikation in der Deutschen Nationalbibliografie; detaillierte bibliografische Daten sind im Internet über *http://dnb.ddb.de* abrufbar.

ISBN 978–3–7668–4395–1

Umschlaggestaltung: Karin Class, Calwer Verlag unter
Verwendung eines Fotos von Goedele Miseur
Satz und Herstellung: Karin Class, Calwer Verlag
Druck und Verarbeitung: Mazowieckie Centrum Poligrafii –
05-270 Marki (Polen) – ul. Słoneczna 3C – www.buecherdrucken24.de

E-Mail: info@calwer.com
Internet: www.calwer.com

Inhalt

Vorwort

Entscheidend für die Lernerfolge, die Kinder und Jugendliche in der Schule erreichen, sind die Lehrerinnen und Lehrer, die sie unterrichten. Mit seiner Meta-Auswertung (in deutscher Bearbeitung 2013 unter dem Titel „Lernen sichtbar machen" erschienen) von mehr als 50.000 empirischen Studien zur Unterrichtsforschung aus dem angelsächsischen Bereich hat der australische Bildungsforscher John Hattie ein weltweites Echo ausgelöst und veranlasst, dass der Persönlichkeit des Lehrers bzw. der Lehrerin wieder ein größeres Gewicht beigemessen wird. War doch der Befund, zu dem Hattie gelangt war, eindeutig: Guter Unterricht ist maßgeblich von dem persönlichen, d.h. schülerzugewandten didaktischen Einsatz der Lehrperson abhängig. Damit ist das in der neueren konstruktiven Didaktik verfolgte Anliegen, die Schülerinnen und Schüler dadurch in ihrer Entwicklung zu fördern, dass sie sich möglichst selbständig ihr Wissen erarbeiten und aneignen und so ihre Lernbiographie von sich aus gestalten, nicht obsolet. Aber um das zu erreichen, reicht es nicht aus – so die empirisch zutage geförderte Einsicht –, die Rolle der Lehrperson darin zu sehen, entsprechende Unterrichtsarrangements zu schaffen, die dem selbständigen Lernen förderlich sind, und sich dann auf die Begleitung der Schüler und Schülerinnen zu beschränken. Um zu lernen, sich in einer immer komplexer werdenden Welt zurecht zu finden, und um das dafür erforderliche Wissen zu erwerben, benötigen die Heranwachsenden außer der Möglichkeit, unter ihresgleichen zu experimentieren und Regeln für den Umgang miteinander zu finden, erwachsene Bezugspersonen als Gegenüber, von denen sie sich verstanden, ermutigt und herausgefordert fühlen, immer wieder neues Gelände zu betreten, bereits erworbene Kenntnisse und Fähigkeiten zu erweitern und zu vertiefen, auf Fehlwege aufmerksam gemacht zu werden usw.

Ohne dass dafür die Studie von John Hattie den Anstoß gegeben hat, verfolgt Bert Roebben mit diesem Buch das Anliegen, vor allem in der Ausbildung befindlichen Lehrern und Lehrerinnen einen Weg zu weisen, auf dem sie für sich lernen können, demnächst guten Unterricht zu erteilen, also ein guter Lehrer bzw. eine gute Lehrerin zu werden. Doch auch Lehrerinnen und Lehrer, die bereits länger in der Schule tätig sind, können dieses Buch mit Gewinn lesen, wenn sie mit seiner Hilfe über ihre Praxis – und sich selbst – zum Nachdenken kommen.

Was von Beginn an bei der Lektüre dieses Buches auffällt, ist sein sprachlicher Duktus. Es ist in einer gänzlich anderen Sprache gefasst, als man es von derzeit weit verbreiteten bildungspolitischen Konzepten her gewohnt ist, die von einer technokratischen Denk- und Sprechweise geprägt sind. Bildung wird auf die Ausbildung, auf den Erwerb der zum Funktionieren in der Gesellschaft, genauerhin in der Wirtschaft erforderlichen Kompetenzen reduziert. Die Schülerinnen und Schüler werden anderen Zwecken untergeordnet, gelten nicht als Zweck an sich. Ähnliches müssen die Lehrpersonen an sich selbst erfahren.

Roebben greift demgegenüber auf Begriffe zurück, die im Vergleich zu der technokratischen Sprache seltsam, gewissermaßen altertümlich wirken: Milde, Seele, Liebe, Geheimnis, Spiritualität, um nur einige zu nennen. Dazu kommt u.a. das Plädoyer für Langsamkeit. Es werden Metaphern verwendet, wenn er etwa den Lehrerberuf mit dem Können eines Jazzperformers oder Seiltänzer vergleicht. In diesem Sprachgebrauch findet Ausdruck, was tiefste Überzeugung des Verfassers ist: Richtschnur für den Beruf des Lehrers sind nicht irgendwelche Interessen von dritter Seite (Gesellschaft, Wirtschaft, Kirche o.ä.), sondern sind die Heranwachsenden; um deren – emphatisch gesprochen – Mensch- bzw.

Subjektwerdung als Entfaltung ihrer je unverwechselbar zukommenden Würde ist es zu tun, und zwar mithilfe der verfügbaren Wissensbestände, die sich dafür als hilfreich und unterstützend erweisen. Es sind gewissermaßen die beiden Pole einer Ellipse, zwischen denen sich das Tun des Lehrers bzw. der Lehrerin bewegt: das objektivierte Fachwissen, über das er oder sie für den Unterricht verfügt, und die Person des Schülers bzw. der Schülerin, dem bzw. der damit zur besseren Orientierung für ihr Leben und zur Wahrnehmung ihrer Verantwortung zur Gestaltung der Welt verholfen werden soll. Von daher ist der Lehrerberuf für Roebben nicht bloß ein Beruf im Sinne eines Jobs, sondern er ist Berufung, die nicht zuletzt die Betreffenden in ihrem eigenen Mensch- bzw. Personsein beansprucht und zu ständiger Selbstreflexion anhält.

So wenig die Lehrperson das Leben seiner Schüler in der Hand hat, sondern es letztlich ihnen selbst überlassen muss, so sehr macht sie dabei die Erfahrung, dass auch sie in ihrem Tun auf etwas gründet, was für sie unverfügbar ist, auf das es sich einzulassen gilt: eine Dimension, die als Glauben – im Sinne von *faith* – zu umreißen ist, als religiös oder spirituell im weiten Sinne. Der Leitbegriff in diesem Zusammenhang ist für Roebben – wie es die deutsche Ausgabe auch im Titel zum Ausdruck bringt – „Hoffnung": „Wer lernt, der hofft." Mit Blick auf die Didaktik führt Roebben in diesem Buch weiter und konkretisiert es, was er in seiner „Religionspädagogik der Hoffnung" (2011) grundgelegt hat. Um einem möglichen Missverständnis zuvorzukommen: Es handelt sich bei dieser „kleinen Didaktik" nicht um eine Religionsdidaktik im engeren Sinne, sondern um eine allgemeine Didaktik für „Schulen für das Leben", wie der Titel des Buches lautet. Bemerkenswert ist: Meist ist es so, dass in der Religionsdidaktik Konzepte der allgemeinen Didaktik rezipiert werden. In diesem Buch leistet ein Religionsdidaktiker einen Beitrag zur allgemeinen Didaktik, indem er in sie Einsichten einbringt, die in ihr vernachlässigt werden, vorab die Dimension der Spiritualität.

Den Leitbegriff „Hoffnung" hat Bert Roebben mit einem anderen prominenten Autor gemeinsam, mit dem brasilianischen Befreiungspädagogen Paulo Freire (1921–1997). Sein letztes Buch „Pädagogik der Autonomie" (dt. 2008) hat er als Handreichung für die Aus- und Weiterbildung von Lehrerinnen und Lehrern verfasst mit dem Ziel, ihnen grundlegende Fähigkeiten für die Praxis zu vermitteln. Was bei Roebben eher implizit einen roten Faden durch seine Überlegungen bildet, hebt Freire ausdrücklicher hervor: die Notwendigkeit der Ausbildung eines kritischen Bewusstseins, will man als Lehrperson sich nicht einfach – um des Zieles der Autonomie der Zu-Erziehenden willen! – den herrschenden gesellschaftlichen Interessen dienstbar machen. Roebbens Buch ist übrigens mit dem „Martinus J. Langeveldprijs 2012" ausgezeichnet worden. Mit diesem Preis zeichnet die Martinus J. Langeveld Stichting (Stiftung) jährlich ein von einer Jury ausgewähltes Buch aus, das im Vorjahr erschienen ist und in dem das Thema der Erziehung, des Unterrichts und der Entwicklung von Kindern und Jugendlichen auf höchst inspirierende Weise abgehandelt worden ist, und zwar so, dass empirische Beschreibung und normative Orientierung sinnvoll und adäquat miteinander verbunden worden sind (so die Kriterien für die Preisvergabe). Martinus J. Langeveld (1905–1989) war der Pädagoge, der in den Niederlanden eine nachhaltig wirkende Wende von der normativen zu einer phänomenologischen Pädagogik eingeleitet hat. Erziehung hat er als einen interaktiven Prozess zwischen Erwachsenen und Heranwachsenden verstanden, bei dem intentionale und nichtintentionale Beeinflussungen eine Rolle spielen. Drei Perspektiven sind dabei für ihn maßgeblich: Individualität, Sozialität und Moralität. Basis bildet die Anerkennung der Würde der Zu-Erziehenden. In Bert Roebben hat die Langeveld-Stiftung einen Preisträger gefunden, der sich in den Denkspuren dieses ihres Namensgebers bewegt und sie weiterentwickelt.

Norbert Mette

Einleitung

Eine unerlässliche Frage

„Wie werde ich ein guter Lehrer[1]?" Diese Frage beschäftigt viele Lehramtsstudierende während ihres Studiums. An den pädagogischen Hochschulen und Universitäten werden in Fächern und Lehrgebieten theoretische Kenntnisse vermittelt. Außerdem lernt man die Didaktik der Fächer kennen und anwenden. Während Praktika darf man sich selbst in der Unterrichtspraxis ausprobieren und testen, welche Kenntnisse und Kompetenzen schon vorhanden sind, welche noch erworben werden müssen, und darüber hinaus, welche praktischen Umsetzungen in der Klasse schon funktionieren oder bei welchen eventuell noch Verbesserungsbedarf besteht. Hierfür wird zur besseren Selbsteinschätzung ein persönliches Feedback durch einen Betreuer gegeben. Dieses bietet wertvolle Informationen über das eigene Verhalten, die Wirkung auf die Schüler sowie fachwissenschaftliche Kenntnisse und methodische Darstellungsweisen. Projektarbeit ermöglicht, in gemeinschaftlicher Zusammenarbeit fächerübergreifende Inhalte gemeinsam zu erkunden und didaktische Umsetzungen zu finden. Planungsfähigkeit wird vermittelt und man erhält, aufbauend auf Lern- und Unterrichtsmaterialien sowie Schulbüchern und in Übereinstimmung mit den übergreifenden Richtlinien und den konkreten Lehrplänen der Fächer, Hilfe für die Einschätzung und Förderung der verschiedenen Lernbedingungen innerhalb einer Klasse.

Des Weiteren wird die eigene Kreativität dazu angeregt, eigenständig neues Material für den Unterricht, beispielsweise selbst konzipierte und zusammengestellte Texte, zu entwickeln und darüber hinaus alternative Arbeitsformen- und Aufträge zu konzipieren sowie Stationenlernen oder Wochenplanarbeit abwechslungsreich zu gestalten. Dies geht einher mit viel Schneiden und Kleben – in der Realität mit Schere und Kleber oder virtuell mit dem Computer. Als Lehrer in der Ausbildung ist man stets mit vielerlei Dingen beschäftigt. Am Ende des Semesters kommt es dann darauf an, sich in den Prüfungen zu beweisen. Die Kenntnisse und Fertigkeiten werden getestet und im Vergleich mit den Standards der Lehrerausbildung ausgewertet. Dies wiederholt sich über einen Zeitraum von vielen Semestern immer wieder. Und am Ende des Lernweges (eventuell mit Referendariat) stellen sich viele Studenten, mit ihrem Abschlusszeugnis in der Hand und voller Erwartung auf ihren ersten Job, die Frage: „Bin ich nun wirklich der gute Lehrer, der ich werden wollte?"

Diese Frage begleitet einen das gesamte Berufsleben lang: „Wie bleibe ich ein guter Lehrer?". Für viele, die sich bereits seit Jahren in der Unterrichtspraxis befinden, bleibt die Frage nach dem eigenen *Standpunkt* als Lehrer ausschlaggebend. Inmitten eines Spektrums vieler Erwartungen – von den Behörden, der Schule, der Schulleitung, dem Fach, den Kindern und deren Eltern – muss der Lehrer nicht nur überleben, sondern auch qualitativ hochwertig leben können.

Alles was hier nun über die zukünftigen Lehrkräfte gesagt wird, gehört zu einem lebenslangen Lernprozess. Weshalb dieses Buch nicht allein für *absolute beginners*, sondern auch für die Erfahrenen im Fach geschrieben worden ist. Immer wieder neue Energie und Kraft zu sammeln und sich neu zu besinnen – sich darum bemühen, seinen eigenen Standpunkt als Lehrer zu begreifen –, ist die Botschaft. Es ist Anliegen dieses Buches, mit seiner Reflexion, entweder am Anfang oder in der Mitte des Weges des Lehrers, hierzu beizutragen.

Die Frage, was einen guten Lehrer ausmacht, steht demnach im Mittelpunkt. Ich bin der Meinung, dass man dieser Frage niemals aus dem Weg gehen darf und kann, denn sie betrifft die Seele der Arbeit als Lehrer. Wenn man diese Frage nicht von Zeit zu Zeit zulässt, erlischt sie wie die Flamme eines Lichtes und führt für den Lehrer selbst im schlimmsten Fall dazu, dass er einen Burn-out erleidet. Die Frage ist daher untrennbar mit der eigenen Person verbunden. Es kommt dementsprechend darauf an, sich selbst ein eigenes Bild vom guten Lehrersein zu machen, einen eigenen Standard, der einem selbst Persönlichkeit verleiht oder der jemanden selbst während der Lehrerausbildung formt. Einen Standard, der einzig und allein von und für jemanden selbst ist, der einen begleitet und in Frage stellt, der jemanden aus der Bahn wirft und von dem man sich während der aktiven Berufslaufbahn eventuell völlig loslöst. Die Hauptsache ist, dass man in Bewegung bleibt und sich immer wieder aktiv mit der Frage auseinandersetzt. Es scheint allerdings, dass die Frage nach „dem guten Lehrersein" nie ganz gelöst werden kann. Immer bleiben Elemente von Unsicherheit und Vorläufigkeit, und zwar aus dem einfachen Grund, dass man selbst älter wird und die Kinder und Jugendlichen immer jung bleiben und im Laufe der sich stetig verändernden Generationen jeweils *anders* jung bleiben. Das eigene Lehrerbild begleitet einen in all den Erfahrungen als ein treuer Freund, aber stellt einem auf dem Weg auch immer wieder die Frage: „Beschäftigst Du Dich noch mit Deinem eigenen guten Lehrersein?"

Drei Beweggründe

Es bestehen drei gute Gründe, diesen beschriebenen Reflexionsprozess während der eigenen Berufsausbildung zu durchlaufen und sich auch später im Berufsleben regelmäßig Gedanken dazu zu machen: der professionelle, der pädagogische und der spirituelle Grund.

Der professionelle Grund

Jeder, der professionell handelt, sollte wissen, womit er sich beschäftigt. Für eine gute Unterrichtsplanung, -durchführung und -evaluation ist es unabdingbar, dass man professionell authentisch ist. Man muss über eine eigene Identität als Lehrer verfügen, über ein bestimmtes eigenes Profil oder Leitmotiv, etwas, das einen in den eigenen Tätigkeiten begleitet. In ihrem Denken und Handeln müssen die Lehrer für ihre Schüler nachvollziehbar sein. Lehrkräfte, deren Verhalten und Handlungen sich durch Inkonsequenz und Widersprüchlichkeit auszeichnen, sind für Schüler nicht zuverlässig. Schüler wollen Lehrpersonen, die über Authentizität verfügen, die halten, was sie versprechen. Sie wollen Lehrer, die nicht vom einen auf den anderen Tag andere Erwartungen stellen, die die Spielregeln und Deutungen ihres Faches nicht immer wieder verändern, sondern Verlässlichkeit bieten. Sonst verlieren Kinder die Orientierung, wenn ein Grundschullehrer beispielsweise an einem Tag eine Abbildung eines Pferdes mit Pferd und an einem anderen Tag mit Kuh benennt. Noch viel schlimmer dabei ist, dass die Schüler sich in ihrem blinden Vertrauen auf die Bedeutungsvermittlung ihrer Lehrkraft verlassen müssen und sich nicht wehren können, wenn sie getäuscht werden. Im Gegensatz zu jüngeren Kindern würden ältere Kinder und Jugendliche in einer solchen Situation sicher protestieren und damit eine angespannte Atmosphäre in der Klasse verursachen. Daher ist es von besonderer Bedeutung, sich die Frage nach dem guten Lehrersein – von professioneller Beständigkeit und Glaubwürdigkeit – zu stellen, sodass jedes Kind und auch man selbst weiß, was man an dem jeweils Anderen wertschätzen kann.

Der pädagogische Grund

Darüber hinaus besteht ein pädagogischer Grund, über die Frage nach einem guten Lehrer nachzudenken. Häufig begründen die Studierenden die Frage, weshalb sie sich für die Lehrerausbildung entschieden haben, mit einem Satz wie: „Ich habe mich für diese Arbeit entschieden, weil ich gerne mit Kindern arbeite." Dies ist ein edles Motiv, welches selbstverständlich auch notwendig ist, aber trotzdem nicht ausreicht. Dieser Auffassung werden die Lehrer in der Praxis sofort zustimmen. Es ist zwar von großer Bedeutung, jedes Kind im eigenen Lernprozess, in der eigenen Entwicklung und Individualität wertzuschätzen und anzuerkennen. Als Motivation aber, als Grund immer wieder neu und nicht nur in den Momenten, in denen man die Kinder gerne mag, als professioneller Lehrer tätig zu sein, ist es sicher zu wenig. Die Kinder dort abzuholen, wo sie stehen, ist eine Sache; sie in ihrer individuellen Entwicklung zu fördern, eine ganz andere Angelegenheit. Der Kern des pädagogischen Berufes besteht darin, Kinder und Jugendliche – eventuell auch gegen ihre eigene Trägheit – herauszufordern, sich weiterzuentwickeln und sich neue Erkenntnisse anzueignen, auch wenn es ihnen nicht gefällt. Ein gutes Lehrersein besteht ebenfalls darin, Kindern und Jugendliche dann herauszufordern und zu motivieren, wenn sie eine Sache nicht gerne mögen. Ich bin der Meinung, dass die Schule nicht alles unternehmen muss, um einen reibungslosen, direkten Bezug zur Lebenswelt und zum Leben der Kinder und Jugendlichen herzustellen. Manchmal muss man in bestimmten Augenblicken auch einfach einmal Abstand zu ihrer Lebenswelt halten und die Kinder und Jugendlichen auffordern, selbst aktiv zu werden und sich für neue Dinge zu öffnen.

Der spirituelle Grund

Letztendlich gibt es einen spirituellen Grund, sich mit der Frage „Wie werde ich eine guter Lehrer?" in der Lehrerausbildung bewusst auseinanderzusetzen. Dieses Buch geht von dem zentralen Gedanken aus, dass der Lehrerberuf eine Berufung ist. Wer sich dafür entscheidet, Kindern und Jugendlichen Wissen, Einsicht und Lebensweisheit zu vermitteln, ist sich dieser Berufung bewusst. Er weiß, dass die Berufung eine zentrale Rolle in seinem professionellen, pädagogischen und didaktischen Handeln spielt. Aber diese Berufung irritiert einen auch und sorgt für „heilige Unruhe", die einen in der eigenen Auseinandersetzung mit dem Lehrersein wach hält.

Dabei möchte man alles immer bestmöglich umsetzen, nicht weil man es muss und man damit sein Geld verdient, sondern einfach, weil man die Welt verbessern möchte. Man möchte sich von Anderen abgrenzen, es anders und besser machen als die Vorgänger oder selbst noch intensiver erleben, was die eigenen Lehrer Gutes getan haben. Vor einiger Zeit sah ich in Boston ein Poster mit folgender Aufschrift: *Make a difference. Become a teacher.* Berufung knüpft eng an diesen Gedanken an: Man fühlt sich angesprochen und verantwortlich, Unterschiede zu vollziehen. Der Frage „Bin ich ein guter Lehrer?" kann man nicht entkommen: Sie kommt automatisch auf einen zu, sei es durch die Bitte um Hilfe von einem Kind („Würden Sie mir das noch einmal erklären?"), durch den Protest eines Jugendlichen, der sich ungerecht behandelt fühlt, oder selbst durch den Lehrstoff, der eine angemessene Behandlung und somit ebenfalls eine gute Vorbereitung verlangt. Berufung und Ehrgeiz können im Lehrerberuf zusammengehören, sie schließen sich nicht automatisch gegenseitig aus. Auch hier liegt die Aufgabe darin, ein eindeutiges Profil zu entwerfen, das in Einklang mit der eigenen Persönlichkeitsentwicklung als Lehrer steht.

Leadership in der Bildung

In der Ausgangsfrage dieses Buches („Wie werde ich ein guter Lehrer?") schwingt die Frage nach *Leadership* mit. Wer Kindern und Jugendlichen an Wissen, Einsicht und Lebensweisheit voraus ist, muss ein Führender sein. Heimlich liegen die Schüler auf der Lauer, um von ihrem Lehrer zu lernen und zu erfahren, wie dieser mit dem Lernstoff umgeht, ob er Leidenschaft ausstrahlt und mit Herz und Seele hinter seinem Fach steht. Sie beurteilen nicht nur den Vortrag des Lehrers, sondern auch seine Begeisterung und sein Interesse für das Fach. Die Schüler wollen wissen, ob der Lehrer im Einklang mit sich selbst steht, Authentizität ausstrahlt: „Hält der Lehrer, was er verspricht? Ist ein Klassengespräch wirklich ein offener Raum oder liegt eine *hidden agenda* vor? Ist der Lehrer ansprechbar, wenn es darauf ankommt, wie beispielsweise bei Konflikten?"

Diese bildende *Leadership* ist stets durch zwei Aspekte gekennzeichnet: es geht um das Festhalten und Loslassen. Festhalten bedeutet, die Kinder anzuleiten und ihnen in Bedeutungszuweisungen voranzugehen, unabhängig davon, ob es sich nun um eine wissenschaftliche, grammatikalische oder eine historische Frage handelt. Kinder haben ein Recht auf richtige Informationen und Lösungsansätze, die ebenfalls in anderen Bereichen angewendet werden können. Bildende Führung bedeutet aber auch: Loslassen. Im Lernprozess ermöglicht der Lehrer den Kindern Schritt für Schritt ein selbstständigeres Lernen: Er fordert sie zu eigenständigem Entdecken und dem Finden eigener Lösungswege heraus. Ein guter bildender *Leader* ist ein Vorbild, der den

Anfang eines Weges zunächst vorgibt, den Schüler eine Zeit lang an die Hand nimmt und ihn dann aber nicht festhält, sondern ihm Raum und Möglichkeit gibt, eigene Wege zu gehen. In dieser unsicheren Mischung von „im Festhalten den Anderen doch auch loslassen und Freiheiten einräumen" zeigt sich der wahre Charakter einer guten bildenden Leitung. Hierbei immer wieder ein Gleichgewicht zu finden, dauert das gesamte Lehrerleben.

In diesem Buch möchte ich Sie als Leser dazu einladen, sich auf die Suche nach dem zu begeben, was unter der Oberfläche Ihrer Kernkompetenzen liegt, sowie nach der fortschreitenden Entwicklung Ihrer Leitungskompetenzen und nach Ihrem Anspruch, ein guter Lehrer zu sein. Der amerikanische Pädagoge Parker Palmer umschreibt die Berufung des Lehrers folgendermaßen: Der Lehrer ist „a person grounded in a profession of faith, faith in the nature of ultimate reality, in the matrix of mercy in which our lives are embedded.[2]" Frei übersetzt bedeutet das, dass der professionelle Lehrer einen Treueid ablegt, Treue gegenüber der sinngemäßen Deutung und der wahrheitsgetreuen Beschreibung der Wirklichkeit, die als Wissen gelehrt werden muss, aber gleichzeitig nicht auf Kosten der Schüler als Adressaten dieses Wissens gehen darf.

Was den Lehrer in der Vertiefung und Erweiterung des Wissens leitet, ist die Zuwendung zu Kindern und Jugendlichen in der Klasse, die versuchen sich dieses Wissen anzueignen. Der Lehrer sollte sich daher aufrichtig gegenüber jungen Menschen verhalten. *Mercy* bedeutet in diesem Zusammenhang den liebevollen Umgang mit ihnen. Nach Palmer ist der professionelle Lehrer auch jemand, der das Maß der Milde anzupassen weiß, der die zu vermittelnden Kenntnisse und Fertigkeiten immer wieder mit dem Subjekt des Lernens in Verbindung bringt und dadurch dem Schüler im Kontext seiner Lebensgeschichte gerecht wird.

Ein Lehr-/ Lernprozess in sieben Schritten

Die Ausgangsfrage „Wie werde ich ein guter Lehrer?" soll nicht in einem luftleeren Raum gestellt, sondern konkret in Bezug auf die Praxis beantwortet werden. Obwohl dieses Buch vielleicht einen philosophischen Anschein erweckt, ist es vor allem mein Anliegen, den didaktischen Prozess selbst als Ausgangspunkt für die eigene Reflexion zu nehmen. Es geht nicht um eine Gewissensuntersuchung fernab von Tatsachen, sondern um den Versuch, im konkreten Lehrprozess Schritt für Schritt zu lernen, über eine gute erzieherische Leitungskompetenz nachzudenken. In der Praxis zeichnet sich ein guter Lehrer meiner Meinung nach durch die ausgewogene Mischung aus *Leadership* und dem gebotenen Maß an Milde aus. Es kommt vor allem darauf an, sich Zeit zu nehmen, das eigene professionelle Handeln in diesem Spannungsfeld wahrzunehmen. Den Prozess der didaktischen Vorbereitung des Unterrichts, dessen Durchführung und Nachbereitung teile ich in sieben Schritte ein, die auf neuen Erkenntnissen der Forschung zu Lehrprozessen, Didaktik, Lehrplan- und Schulentwicklung basieren. Die hier angebotenen Schritte zeigen, wie eine Unterrichtsstunde entworfen, geplant und durchgeführt sowie möglicherweise angepasst und beurteilt wird, vor allem aber, wie man selbst als Lehrkraft eine leitende und wegweisende Rolle im Unterricht einnehmen kann.

Die ersten fünf Schritte finden sich praktisch in jedem Handbuch für Didaktik und sind in hohem Maße didaktisch planbar und umsetzbar. Die beiden letzten Schritte hat man als Lehrer weniger oder gar nicht in der Hand, denn beim sechsten und siebten Schritt kommen Dimensionen des Lehrprozesses zum Tragen, die sich der direkten Kontrolle des Lehrers entziehen. Sie lassen sich auch nicht unbedingt aus den ersten fünf Schritten ableiten. Eher bleiben sie unter der Oberfläche und gehören zum

Geheimnis des Lehrprozesses und des Schülers in diesem Prozess. Meiner tiefsten Überzeugung nach kann ein Lehrprozess nicht das realisieren, was er eigentlich beabsichtigt, nämlich dass der Schüler lernt, sich die Dinge im Hinblick auf die Vervollkommnung seines weiteren Lebensweges anzueignen und sie aufzunehmen. Ob jemand lernt, hat man als Lehrer nicht in der Hand. Man kann den Weg zum Lernen vorbereiten und ihn so zugänglich wie möglich gestalten, aber der Sprung ins Unbekannte, die Wahl des Schülers, sein Leben angesichts des Gelernten neu zu ordnen, entzieht sich der Kontrolle des Lehrers. An genau dieser Stelle zeigt sich der gute Lehrer, der balancierend zwischen Festhalten und Loslassen mit seiner Sachkenntnis und dem erforderlichen Maß an Milde umgehen kann.

Die sieben didaktischen Schritte, die eine zentrale Stellung in der Vorbereitung und Ausführung von Unterricht einnehmen und großes Engagement von Seiten des Lehrers voraussetzen, sind weiter unten in einem Schema aufgeführt. Die Beteiligung des Lehrers am Lernprozess der Schüler nimmt je nach Abfolge der einzelnen Schritte systematisch ab, bis der Lehrer schließlich die Initiative in den letzten beiden Schritten völlig aus der Hand gibt. Dadurch wird, je nach Abfolge der einzelnen Schritte, die Beteiligung der Schüler an ihrem eigenen Lernprozess verhältnismäßig größer. In dem vierten und fünften Schritt findet dann eine direkte Begegnung zwischen Lehrer und Schüler statt. Die letzten beiden Schritte sind, wie bereits erwähnt, weder didaktisch planbar noch ausführbar, da sie in der Persönlichkeit der Schüler liegen. Diese Abfolge der Schritte soll nicht als linear ablaufender Prozess verstanden werden. Das bedeutet, dass der vierte Schritt nicht unmittelbar aus dem dritten Schritt hervorgeht und diesem chronologisch folgen muss, dass beispielsweise ein Dialog in der Klasse nicht zwangsläufig erst nach einer guten Vorbereitung erfolgt. Demnach kann auch der zweite Schritt mit dem sechsten Schritt verknüpft sein, wenn ein Schüler sich beispielsweise nach einer Gruppenarbeit, in der soziales Lernen gefördert wurde, eine solidarischere Handlungsweise angeeignet hat.

Diagnostizierung	Aufstellen eines Klassenprofils auf der Basis von Kriterien guten Unterrichts
Sozialisierung	Zusammenhalten von persönlichen und gemeinschaftlichen Lernzielen
Elementarisierung	Vorbereitung und Durchführung einer klaren Struktur sowie inhaltlicher Klarheit der Unterrichtsreihe
Kommunikation	Durch Dialog die Klasse für die Begegnung und Auseinandersetzung mit verschiedenen Standpunkten öffnen
Verlangsamung	Raum schaffen für das, was didaktisch nicht planbar, nicht vorhersehbar war, was aber von den Schülern hier und jetzt als Lernstoff empfunden wird
Aneignung *Menschwerdung*	} Der Lehrer denkt, der Schüler lenkt …

Jedes Kapitel dieses Buches behandelt einen dieser didaktischen Schritte und ist außerdem in vier Komponenten unterteilt, die den jeweiligen Schritt erläutern: Praxis, Theorie, Inspiration und Herausforderung. Dieser Lernweg, den ich hier vorstelle, leitet sich aus der Praxis ab, bietet theoretische Einblicke, wagt sich anschließend an einen Moment von Inspiration und kehrt dann – hoffentlich bereichert – wieder zur alltäglichen Unterrichtspraxis mit ihren Herausforderungen zurück. Im theoretischen Teil kommen historische und zeitgenössische Ansichten zur Sprache. Wir müssen nicht alles selbst neu erfinden, denn unser Bildungshandeln lässt sich auf eine lange Tradition zurückführen. Im Block „Inspiration" verweise ich auf literarische und musikalische Quellen und Bezüge, da ich denke, dass unser didaktisches Denken und Handeln durch kreative Impulse gefördert werden kann, die aus dem künstlerischen und spirituellen Bereich stammen. Im Teil „Herausforderung" verweise ich auf der jeweiligen didaktischen Stufe auf Möglichkeiten und Grenzen eines guten Lehrers: „Was verschafft Freude und an welche Grenzen kann der Lehrer stoßen, wenn er sich engagiert?"

Hoffnung als Leitmotiv

Schulen für das Leben! – Für welches Leben, könnte man fragen. Für welches Leben will die Schule junge Menschen vorbereiten? Wozu formt sie sie? Was ist das pädagogische Projekt der Gesellschaft, auf welches Schulen angesprochen werden können? Hat die Gesellschaft eine Vision vom guten Leben? Ist sie überhaupt bereit, visionär zu denken und zu handeln? Bei vielen Lehrern besteht das Verlangen, junge Menschen für das *gute* Leben vorzubereiten, ein Leben, in dem Persönlichkeitsentwicklung und Solidarität untrennbar zueinander gehören. Ich merke häufig, dass Lehrer im Rahmen dieser pädagogischen Aufgabe auf der Suche nach moralischen und spirituellen Quellen sind. Wer junge Menschen auf diesem Weg zum guten Leben begleiten will, benötigt daher auch selbst verlässliche Leitfäden. In diesem Buch will ich an den primären Prozess des Unterrichtens anschließen, da ich der Ansicht bin, dass gerade dort viel Energie verborgen liegt. Im Bündeln der Energien bis hin zur Synergie – Lehrer, die einander in ihrer Leidenschaft finden und die voneinander lernen wollen – liegt ein wichtiger Zugang zu Schulen für das Leben.

Ein paar Worte möchte ich auch zu dem Untertitel dieses Buches sagen. Der kleine Bruder *Hoffnung* hat mich während des Nachdenkens über Lernprozesse immer wieder inspiriert. Wer lernt, der hofft. Der hofft, dass die Welt besser wird, dass es eine Zukunft gibt, dass nichts beim Alten bleiben muss, sondern dass Veränderung möglich ist. Und der hofft, dass solche Prozesse sinnvoll sind, auch wenn Dinge anders ablaufen, als man erwartet hat.[3] Man hat sich dann zumindest der Sinnhaftigkeit der Wirklichkeit anvertraut und sich mit Sachkenntnis und mit dem Maß der Milde auseinandergesetzt. Es kommt darauf an, gute Gründe für diese Hoffnung zu finden. Hierbei möchte ich mich vor allem dafür einsetzen, dass der Leser den Denkprozess dieses Buches während der Ausbildung oder später im Berufsleben immer wieder mit Freunden und Kollegen vollzieht. Kollegiales Lernen ist lebensnotwendig. Es gibt Raum, sich selbst zu erkunden und von und mit anderen zu lernen. Während der Lehramtsausbildung und im Referendariat sind sicherlich genügend Chancen zur Umsetzung gegeben. Dies ist eine gesegnete Zeit, sich selbst zu formen. Später werden die Lernchancen bestimmt seltener. Ich hoffe, dass man als Lehrkraft genügend Unterstützung findet, um sich professionell und spirituell weiterentwickeln zu können. Daher schlage ich vor, solche Chancen nicht verstreichen zu lassen. Versuchen Sie deshalb, die Schritte dieses Buches bei Ihnen selbst nachzuvollziehen. Bleiben Sie dabei gelassen und denken Sie darüber nach, was Sie für sich gewinnen können. Dabei sollten Sie sich Zeit für den Austausch mit anderen in der Ausbildung, während der Fortbildung oder einfach während eines guten Gesprächs nehmen.

Hoffnung ist ein zentraler Gedanke in meiner eigenen akademischen Laufbahn. Ich habe 1994 in meiner theologischen Doktorarbeit über moralische Bildung das Prinzip „Spielraum" eingeführt, um Werte und Normen in der Hoffnung auf ein menschlicheres Zusammenleben zu bestimmen. Im Jahre 2011 erschien meine „Religionspädagogik der Hoffnung"[4], ein Handbuch, in dem ich für mehr Mut in religiösen Lernprozessen plädiere. Junge Menschen stellen die alten Lebensfragen immer wieder aufs Neue und erwarten von den Erwachsenen (Eltern und Lehrern), dass sie ihnen sinn- und hoffnungsvolle Antwortperspektiven anbieten. In Prozessen religiöser Formung sollten Erwachsene sich nicht zurückhalten – im Gegenteil!

Im Folgenden möchte ich kurz meinen Hintergrund vorstellen. Ich bin ein inklusiv-denkender katholischer Religionspädagoge. Diese Worte bedürfen der Aufklärung. Sie bedeuten, dass ich zunächst Religionspädagoge und -didaktiker bin. In diesem Fachgebiet wurden in den letzten Jahren spannende Einsichten und Theorien entwickelt, die ebenfalls für die allgemeine Pädagogik und Didaktik von Nutzen sein können. Auch aus diesem Grund habe ich dieses Buch geschrieben. Des Weiteren denke und arbeite ich inklusiv: Ich bin auf der Suche nach Unterrichtsformen, in denen jedes Kind, ungeachtet seines sozialen, kulturellen und religiösen Hintergrundes, ungeachtet seiner Lernmöglichkeiten und -grenzen zum Zuge kommt. Letztlich kann ich meine christlich-katholischen Wurzeln in meiner Professionalität nicht verbergen. Ich trage als Theologe die Tradition mit mir. Dies bringt mit sich, dass ich religiöse Bilder und Einsichten verwende, die mich während meiner eigenen Tätigkeit als Hochschullehrer und Forscher geformt haben. Zweifelsohne werden sie im Buch immer wieder anklingen. Für den Leser sollen sie einerseits eine Einladung sein, sich dadurch inspirieren zu lassen, und andererseits gleichzeitig dazu auffordern, kritisch damit umzugehen.

Ich habe dieses Buch bewusst eine *kleine* Didaktik genannt. Es hat nicht den Anspruch, ein neues Basishandbuch für die Didaktik zu sein oder die Forschung von Bildungsexperten und Didaktikern zu ersetzen. Im Gegensatz zu ihnen jedoch betrachte ich die professionelle Expertise, die sich in dieser Domäne allmählich entwickelt hat, lediglich als Ausgangspunkt und bringe die spirituelle Dimension als kritische Stimme mit ein.[5] Außerdem lade ich, wie bereits erwähnt, die zukünftigen, aber auch die bereits erfahrenen Lehrer ein, über ihre eigenen Leitungskompetenzen inmitten von didaktischen Lehrprozessen zu reflektieren. Dieses Buch ist zwar *klein* von Gestalt, kann eventuell jedoch *große* Wirkung entfalten, wenn Lehrer sich darauf einlassen, es selber weiterzuschreiben, indem sie es mit eigenen Erfahrungen füllen, Randnotizen verfassen, Beziehungen zu Fachdidaktiken herstellen und es kritisieren, kurz gesagt, wenn sie sich mit ihm beschäftigen, es sich aneignen und verinnerlichen und damit im wahren Sinn des Wortes Besitzer dieses Buches und des darin vorgestellten Denkprozesses werden. Zentral steht der Gedanke von Howard Thurman[6] auf der ersten Seite dieses Buches, der sich mit folgender Frage an die Leser richtet: „Was hast Du der überraschenden Welt der Bildung von Kindern, Jugendlichen und jungen Erwachsenen zu bieten?" Kinder und Jugendliche warten in jedem Fall auf Ihre lebensfördernde Präsenz als Lehrer.

Kapitel 1

Diagnostizierung

„Es bringt viele Vorteile mit sich, in seinem eigenen Land ein Reisender auf Durchfahrt zu sein", so der ungarische Schriftsteller György Konrád in seinem Roman Gartenfest[1]. Es ist sinnvoll, von Zeit zu Zeit zur Ruhe zu kommen und sein eigenes professionelles Handeln mit etwas Abstand zu betrachten. So eine Diagnose des eigenen Handelns hat den Vorteil, dass man mit seinen eigenen Worten den Erfahrungen Freiraum lassen kann. Sie bietet die Möglichkeit, erneut das zu benennen, was man bereits weiß. Außerdem führt diese Diagnose dazu, dass der Alltagstrott unterbrochen wird, und sie sorgt gleichzeitig dafür, dass man mit ihm verbunden bleibt und sich nicht zu sehr vom Alltag entfernt. Man setzt sich einfach hin und schaut mit gewissem Abstand ein wenig zu und nimmt sich eine kurze Auszeit. Dies ist in der Tat eine ideale, aber auch notwendige Situation, wenn man als Lehrer frisch bleiben und nicht aufgrund der vielen Erwartungen, die die Schule, die Schüler und das Fach verlangen, in einen Burn-out geraten will.

1. Praxis

In der ersten Stufe meiner kleinen Didaktik möchte ich die Notwendigkeit einer guten Diagnose behandeln. Als guter Lehrer weiß man, mit wem man zusammenarbeitet und kennt das Profil seiner Klasse. Ein guter Lehrer hat gelernt, zu erkennen: „Wer sind die jungen Menschen in meiner Klasse, aus welchen sozialen und familiären Hintergründen stammen sie und welches Ziel haben sie vor Augen, was wollen sie in ihrem Leben erreichen? Wie kann ich dazu beitragen, dass sie im Spannungsfeld zwischen ihrer Herkunft und ihrer Zukunft ihre eigene Identität finden können? Welche grundlegenden Voraussetzungen müssen erfüllt werden, damit eine optimale Lernumgebung entsteht, in der Kinder und Jugendliche optimal lernen und in der Gemeinschaft mit Anderen sie selbst werden können?" Am besten nimmt man sich als Lehrer für diese Diagnose einen Stuhl, beobachtet mit ein wenig Abstand das Geschehen im Klassenraum und achtet dabei auf folgende Aspekte: „Wo und wann verstehen sich die Schüler und ihre Lehrer am besten? Wann gelingt eine optimale Zusammenarbeit? Welches Handeln des Lehrers führt zu einem erfolgreichen Lernen der Schüler in ihren jeweiligen Lernvoraussetzungen? Was passiert, wenn man als Lehrer ein bestimmtes Verhalten zeigt und wie reagieren die Schüler auf Verhaltensänderungen?"

Unterricht ist ein komplexes Zusammenspiel von Schülern, Lehrern und dem Lernstoff. Diese drei Komponenten stehen nicht isoliert für sich, sondern sind alle miteinander vernetzt. Dabei bringt jede Komponente einen eigenen Kontext in das Zusammenspiel mit ein. Als Lehrer benötigt man daher eine gewisse Einsicht in die Vorder- und Hintergründe, in die Lebenswelten der einzelnen Schüler, auch mit Blick darauf, was passieren kann, falls zum Beispiel ein bestimmter Hintergrund, wenn auch nicht bewusst, in den Mittelpunkt eines Klassengespräches rückt. Man muss in einer solchen Situation wissen, unter welchen Bedingungen dieses „nach vorne rücken" optimal stattfinden und zu einem guten Lernen der Schüler beitragen kann. Mit anderen Worten geht es um die Frage: „Wie lernen die Schüler am besten?"

„Außenseiter in der Gebärmutter", so umschreibt György Konrád in seinem Roman „Das Gartenfest" den aufmerksamen Beobachter und Wahrnehmer. Diese Metapher entspricht meiner Vorstellung von einer Diagnose. Als Lehrer kann man erst wirklich erkennen, was funktioniert und umsetzbar ist und was nicht, wenn man am Lernprozess teilnimmt und wenn man – die zweite Stufe ist ebenso wichtig – als außenstehender Beobachter sorgfältig notiert, unter welchen Umständen dieser Prozess stattfindet. Dieser Spagat zwischen Innen- und Außenstehendem erfordert ein hohes Maß an Flexibilität. Die Klasse als Gebärmutter ist hierfür ein sinnvolles Bild: Sie ist ein Platz, an dem Verständnis geboren und offenbar wird, ein Platz, an dem jeder Schüler seinen persönlichen Lernprozess verankern kann. Der Klassenverbund stellt auch eine Gebärmutter dar, in der neue Einsichten der Schüler geboren werden können. Der Lehrer übernimmt die Rolle der Hebamme, die versucht, den Schülern, aufbauend auf deren jeweiligen Vorkenntnissen und Lernvoraussetzungen, den Anschluss an den Lernprozess zu ermöglichen und sie dazu ermutigt, einen Schritt weiterzugehen, sich in die sogenannte „Zone der nächsten Entwicklung" (Lev Vygotsky) zu wagen. Im spannenden Zusammenspiel von Klasse, Lernstoff und Lehrer wird der Schüler zu Jemandem, zu einem ganz besonderen und einzigartigen Wesen geboren.

Sich in diesem diagnostischen Moment nuanciert auszudrücken, für sich selbst genau zu notieren, wann der Lehrprozess einem Schüler wirklich weiterhilft und wann nicht und dabei ebenfalls den Blick auf die Verbesserung des Lehrprozesses zu richten und Rücksprache mit Kollegen zu halten, ist keine leichte Aufgabe. Dennoch sollte man sich dieser stellen, da Kinder und Jugendliche das Recht auf eine gute und ehrliche Diagnose ihres Lernprozesses haben. Eine ehrliche Bestandsaufnahme – auch wenn dies auf den ersten Blick nicht besonders spannend und interessant erscheint – ist notwendig. Nur auf der Basis einer guten Diagnose kann eigenes Handeln reflektiert, analysiert und verbessert werden.

Der französisch-jüdische Philosoph Emmanuel Levinas spricht in diesem Zusammenhang von „edler Kasuistik": In jeder Situation kommt die unveräußerliche Eigenheit eines bestimmten Menschen, eines bestimmten Kindes oder eines bestimmten Jugendlichen an die Oberfläche. Kein Mensch möchte aufgrund gewisser Probleme oder Eigenschaften mit seiner persönlichen Geschichte in eine bestimmte Schublade gesteckt werden. Jeder Mensch hat das Recht auf seine individuelle und persönliche Geschichte und seine eigene Identität. Darin liegen die Seele des Menschen und seine letztendliche Würde. Wie bereits in der Einleitung gesagt: Der Lehrer handelt während der Diagnose einerseits mit Hilfe seiner Kenntnisse von bestimmten Dingen und Zusammenhängen, aber andererseits auch mit dem Maß der Milde, einem Maß, das für alle Menschen gilt.

2. Theorie

Oft denken wir, dass die besten Ferien diejenigen sind, die man weit weg von zu Hause verbringt. Konrád aber vertritt genau die gegenteilige Ansicht: Wer zu Hause verweilt und sich Zeit nimmt, alle Dinge deutlich wahrzunehmen, kann gelassen bleiben und braucht sich über allerlei Probleme, die einen in fremden Städten und Ländern unterwegs erwarten würden, keine Sorgen zu machen. Durch diese Entspanntheit hat man mehr freie Zeit. Diese Ansicht Konráds lässt sich auch in zahlreichen didaktischen Handbüchern wiederfinden: Wer sich Zeit nimmt, mit Gelassenheit sein Lehrerhandeln regelmäßig zu beurteilen, um zu schauen, ob man wirklich bei den Schülern ankommt, wird ein freier Mensch. Diese zwischenzeitlichen Diagnosen werden am besten in den Ferien, an Feiertagen oder am Wochenende durchgeführt, wenn die Schule geschlossen ist und man so einen gewissen Abstand zu ihr hat. Die zentrale Frage bei der Reflexion ist nicht die, ob der gesamte geforderte Stoff behandelt werden kann, sondern vielmehr die, ob die Schüler mit dem Stoff und mit der Art und Weise, wie er behandelt wird, zurechtkommen.

Zwei internationale Autoritäten im Bereich der didaktischen Analyse halfen mir bei der Aufstellung einer Liste von Charakteristika und Kriterien für guten Unterricht. Beide plädieren dafür, sich als Lehrer regelmäßig hinzusetzen und – am besten zusammen mit vertrauten Kollegen – über das zu reflektieren, was konkret in den Klassen geschieht. Ihre Ansichten basieren auf empirischer Forschung, von der ausgehend beide eine Liste mit Qualitätskriterien für guten Unterricht entworfen haben. In Deutschland nutzt man zu Recht das Werk von Hilbert Meyer als Standardwerk.[2] In den Vereinigten Staaten schrieb Jere Brophy ein viel beachtetes Basiswerk, das weltweit als UNESCO-Standard für Lehrerausbildung dient.[3] Ich selbst beziehe mich hier hauptsächlich auf Meyer, der eine Liste mit zehn Kriterien guten Unterrichts aufgestellt hat. Diese Liste ist jedoch laut Meyer nicht vollständig und außerdem kontext- und personenabhängig. Mit anderen Worten haben sowohl Lehrer, Schüler und die Klasse als auch der Lehrstoff Einfluss auf die Durchführung und Anwendung der Kriterien. Die Reihenfolge der Kriterien spielt ebenfalls keine Rolle, da sie in unmittelbarem Zusammenhang miteinander stehen. Ein guter Lehrprozess ist komplex und erfordert ein kritisches Urteil des Lehrers sowie eine professionelle Einstellung, die einem hilft, die eigene Position und Funktion im didaktischen Gefüge herauszufinden. Dabei können folgende Fragen eine Orientierung bieten: „Welche Entscheidungen treffe ich in diesem Gefüge von Faktoren? Worin liegen meine Stärken, worin meine Schwächen? Was verdient mehr Beachtung, damit Schüler besser lernen können und ich ein besserer Lehrer für sie werden kann?"

Zehn Kriterien guten Unterrichts

1. Klare Strukturierung

Das erste Kriterium nach Hilbert Meyer ist die klare Strukturierung des Unterrichts. Hierbei kommt es vor allem auf die Transparenz seitens des Lehrers an. Der Lehrer verdeutlicht für die Schüler, was sie in der kommenden Unterrichtsstunde erwarten wird und welche Erwartungen an sie selbst gestellt werden. Die Schüler wissen dadurch, wohin die Reise geht und wie lange sie dauern wird. Ein guter Lehrer stellt eindeutige Aufgaben und zielgerichtete Fragen und besitzt dabei ein gutes Zeitmanagement. Die verschiedenen Phasen einer Unterrichtsstunde – Einleitung, Vertiefung, Einübung und strukturierende Einsichten am Ende – sind durch deutliche Übergänge gekennzeichnet, die schon fast rituellen Charakter haben können, sodass die Schüler diese Übergänge wiedererkennen und davon ausgehen können, dass diese auch in anderen Lernsituationen immer wieder auftauchen werden. In diesem ganzen Prozess ist der Lehrer wie ein Fels in der Brandung anwesend. Um die Gestaltung und Einteilung der Unterrichtsstunde müssen sich die Schüler keinerlei Gedanken machen, diese Aufgabe übernimmt der Lehrer für sie. Jedoch bittet er die Schüler, ein Feedback über den Lehrprozess, den Inhalt, den Verlauf der Stunde sowie gegebenenfalls den Test zu geben.

2. Echte Lernzeit

Ein zweites Kriterium guten Unterrichts ist der hohe Anteil echter Lernzeit. Wir kennen alle aus Erfahrung, dass von den fünfundvierzig Minuten einer Unterrichtsstunde ein Großteil der Zeit zu Beginn mit organisatorischen Aufgaben ‚verschwendet' wird. Ehe sich Schüler (und Lehrer!) auf die eigentlichen Unterrichtsinhalte eingestellt haben, vergeht viel kostbare Zeit. *Time on task* wird die wirkliche Zeit, in der jemand an einer Aufgabe arbeitet, genannt. Diese variiert von Person zu Person, da jeder unterschiedlich schnell und konzentriert am Stück arbeiten kann. Auch hier ist der Lehrer der zentrale Referenzpunkt: Er kann flexibel beurteilen, ob jedem Lernenden genügend Zeit zum effizienten Lernen zur Verfügung steht oder ob möglicherweise eine Pause zur Erholung notwendig ist, etwas wiederholt werden muss oder Umverteilungen von Aufgaben stattfinden müssen. Manchmal kann auch eine Verlangsamung erforderlich sein, um intensiver auf bestimmte Aspekte des Unterrichts eingehen zu können.

3. Lernförderliches Klima

Die Beachtung eines lernförderlichen Klimas ist das dritte Kriterium, das Hilbert Meyer in seiner Liste aufführt. Damit ist gemeint, dass Schüler im Unterricht ankommen müssen, dass sie sich wie zuhause fühlen sollen. Nach Meyer spielen dabei fünf Elemente eine wichtige Rolle: Gegenseitiger Respekt, deutliche Absprachen untereinander, gemeinsame Verantwortlichkeit für den Lehrprozess, Gerechtigkeit und sorgsames Handeln seitens der Lehrkraft. Aus der Perspektive der Lernenden sind diese fünf Elemente für guten Unterricht unverzichtbar. Die Schüler müssen erkennen können, dass der Lehrer sich um sie bemüht und ihnen im Lernen und Leben weiterhelfen möchte. Der Lehrer nimmt ebenfalls vollwertig am Lernprozess teil, er fordert die Schüler heraus, leitende Aufgaben in der Klasse oder in der Gruppenarbeit zu übernehmen und mögliche Konflikte zu lösen. Die Schüler können dadurch lernen, wie ein demokratisches System funktioniert, wie Gerechtigkeit und Sorge füreinander in einer Klasse und in der eigenen Lebenswelt von Kindern und Jugendlichen eine Rolle spielen und eingeübt werden können. Der Lehrer selbst kann sich relativieren – und ein bisschen Humor in der Klasse hat noch niemandem geschadet.

4. Inhaltliche Klarheit

Das vierte Kriterium, das eine große Bedeutung für gute Lehre hat, ist die inhaltliche Klarheit. Der Lehrer sorgt dafür, dass er während seiner Unterrichtsvorbereitung sowohl auf fachdidaktischer als auch auf fachinhaltlicher Ebene eine Gliederung erstellt, die einen inneren Zusammenhang ergibt. Zunächst müssen Inhalte für den Lehrer selbstverständlich sein, dann aber auch an das Niveau der Schüler angepasst und didaktisch klar dargestellt werden, sodass die Schüler wissen, was der Lehrer ihnen vermitteln möchte. Dabei sind eine Zielformulierung und eine deutliche Aufgabenstellung zu Beginn der Unterrichtsstunde von entscheidendem Belang. Weiterhin sollte der Lehrer die Fähigkeit besitzen, den Schülern das Thema der Stunde auf eine verständliche Art und Weise darzulegen, die Schüler dabei mit einzubeziehen und am Ende der Stunde im Sinne der Frage: „Was haben wir heute gelernt?" ein zusammenfassendes Fazit zu formulieren. Bezüglich der Unterrichtsplanung und -durchführung stellt Meyer fest, dass die Mehrheit der Lehrer wenig oder gar keine Fachliteratur zur Hand nimmt, um die inhaltlichen und didaktischen Vorgaben des Lehrplans oder des zugrunde liegenden Schulbuchs zu überprüfen. Die meisten Lehrer gehen bei ihrer Unterrichtsplanung davon aus, dass die Inhalte in ihrem Schulbuch korrekt und zuverlässig sind. Meyer jedoch empfiehlt, Fachliteratur zur Hand zu nehmen und die Inhalte der Schulbücher selbstständig zu überprüfen, denn eine permanente Vertiefung der Fachkenntnis schadet nie, im Gegenteil, sie trägt wesentlich zur Beweglichkeit im Denken bei.

5. Sinnstiftendes Kommunizieren

Sinnstiftendes Kommunizieren ist das fünfte Kriterium auf Meyers Liste. Schüler und Lehrer betreten den Unterricht als einen kommunikativen Raum, in dem Bedeutungen ausgetauscht werden und gleichzeitig neue Bedeutungen ans Tageslicht treten. Schüler sind meist motiviert und interessiert, wenn sie sich den Lernstoff persönlich und vor allem eigenständig aneignen dürfen. Der objektive Lernstoff wird während des Lernprozesses subjektiv verarbeitet, was dazu führt, dass zu den bereits bestehenden Kenntnissen und Fähigkeiten der Schüler neue hinzukommen oder Alte erweitert werden. Diese Aneignung von neuen Kenntnissen und Fähigkeiten wird durch eine dialogische Grundhaltung ermöglicht, die dadurch geprägt ist, dass einerseits nicht nur die Lehrer Fragen stellen und andererseits nicht nur die Schüler Antworten geben. Auch der Lernprozess selbst kann Thema der Kommunikation sein: Die Schüler geben ihrem Lehrer ein Feedback über Inhalt, Verlauf und Test und suchen gemeinsam mit ihm nach Verbesserungsmöglichkeiten.

6. Methodenvielfalt

Das sechste Kriterium guten Unterrichts ist die sogenannte Methodenvielfalt. Eine Unterrichtseinheit kommt bei den Schülern besser an, wenn der Lehrer regelmäßig verschiedene Methoden anwendet. Hierbei muss er den Mut haben, verschiedene Inszenierungstechniken und Handlungsmodelle einzusetzen sowie auszutesten, welche sich wann sinnvoll einsetzen lassen. Untersuchungen nach Meyer haben ergeben, dass viele Lehrer immer noch das traditionelle Unterrichtsgespräch bevorzugen, bei dem etwas ganz Bestimmtes herauskommen soll, nämlich das, was der Lehrer von seinen Schülern hören möchte. Ein kreativerer Umgang mit den drei Basisformen des Unterrichts, dem klassischen Unterricht, dem selbstständigen Arbeiten und der Projektarbeit, ist nach Meyer besonders erwünscht und dringend notwendig. Dies erfordert allerdings eine Zusammenarbeit des gesamten Lehrerkollegiums. Kollegen müssen bereit sein, untereinander Methoden auszutauschen, Methodenvielfalt anzuwenden und sich bei Fragen gegenseitig zu beraten. Ein Lehrer allein reicht nicht aus.

7. Individuelle Förderung

Das siebte Kriterium, das eine Rolle für guten Unterricht spielt, stellt die individuelle Förderung von Schülern dar. Jeder Schüler hat das Recht, entsprechend seiner individuellen Lernvoraussetzungen und ungeachtet seines sozialen, kulturellen oder religiösen Hintergrundes, bestmöglich zu lernen und gefördert zu werden. Laut Meyer[4] gehen Lehrer oft davon aus, dass alle Schüler ihrer Lerngruppe dem angebotenen Unterricht folgen können. Das lässt darauf schließen, dass die Lehrer der Ansicht sind, ihre Schüler genügend zu fordern und zu fördern. Hier stellt sich aber zum einen die Frage, ob dies der Wirklichkeit entspricht, und zum anderen, wie viel Extraaufwand Lehrer noch aufbringen können und wollen, um individueller zu fördern. Inklusiver Unterricht, an dem alle Schüler teilnehmen können, ist ein Ideal, das aber auch zusätzliche Mittel und Lehrkräfte benötigt. Darauf werde ich später noch näher eingehen. Meyer sagt dazu: „Alle sagten, das geht an unserer Schule nicht. Dann kam eine, die das nicht wusste, und hat's gemacht."[5] Und es hat geklappt.

8. Intelligentes Üben

Als achtes Kriterium benennt Meyer das Intelligente Üben. Auch bei diesem Kriterium sind die Fähigkeit zur Diagnostik sowie Flexibilität sowohl bei der Vorbereitung als auch bei der Durchführung einer Unterrichtsstunde notwendig. Als Lehrer muss man immer Kenntnisse über den aktuellen Leistungsstand und die jeweiligen Fähigkeiten seiner Schüler besitzen und wissen, wie man mit diesen Kenntnissen umgeht und was sie für das konkrete Unterrichtsgeschehen bedeuten können. Aufgaben müssen herausfordern und die Schüler reizen. Anwendungsorientierte Aufgaben haben hier eindeutigen Vorrang. Es geht daher vor allem darum, mehrere Möglichkeiten zum Transfer anzubieten, sodass das Gelernte auch in neuen Situationen angewendet und dadurch vertieft werden kann. Betrachtet man Untersuchungen zum intelligenten Üben, so lässt sich feststellen, dass sich ständig wiederholende Aufgaben, die dem Schüler keine Möglichkeit bieten, das Gelernte auf andere Situationen zu übertragen, für schwächere Schüler weitaus weniger Lernerfolge mit sich bringen und den Wissensdurst der stärkeren Schüler nicht stillen können.

9. Transparente Leistungserwartungen

Das neunte Kriterium bezieht sich auf die transparenten Leistungserwartungen. Überprüfungen und Tests sind sowohl für Schüler als auch für Lehrer erforderlich, da sie Einsicht geben, wie weit der jeweilige Schüler in seinem Lernprozess bereits fortgeschritten ist. Für den Schüler selbst ist ersichtlich, wo er steht und welche Fähigkeiten er schon erreicht hat, und auch der Lehrer weiß, wo der Schüler sich befindet und an welchen Stellen eventuell noch Förderbedarf besteht. Für die Transparenz der Leistungserwartungen sind drei Eigenschaften besonders wichtig: Sie müssen zum einen an den geltenden Bildungsstandards ausgerichtet sein. Darüber hinaus sollen Leistungsüberprüfungen angekündigt und abgesprochen werden und letztlich hat jeder Schüler das Recht auf ein möglichst zeitnahes individuelles Leistungsfeedback. Auf der Basis dieser drei Eigenschaften können Leistungsüberprüfungen eventuell zu einer individuellen Anpassung des Lernangebots an die einzelnen Schüler beitragen. Meyer rät allerdings von zu vielen Leistungsüberprüfungen ab, da durch sie der Eindruck erweckt wird, dass die Schüler nur noch für Prüfungen lernen müssen (*teaching for the test*) und nicht für sich selbst. Eine alte Bauernweisheit besagt jedoch: „Noch ist kein Schwein vom häufigen Wiegen fetter geworden."[6]

10. Vorbereitete Lernumgebung

Das letzte Kriterium ist die vorbereitete Lernumgebung: Ordnung in der Klasse, eine angenehm gestaltete Lernumgebung, aber auch der Zustand des Schulgebäudes, der Schulhof sowie die Lernmittel und noch viele weitere Dinge spielen eine wichtige Rolle für den Lernerfolg der Schüler. Nach Meyer spiegelt der Klassenraum Armut und Reichtum, das pädagogische Projekt der Schule und die Inspiration der Lehrkraft und Schüler wider. Die Klasse ist das materialisierte Curriculum des Unterrichts. Daher muss das Klassenzimmer eine gut vorbereitete Umgebung für alle sein, die sich dort aufhalten und ihre kostbare Lern- und Lebenszeit verbringen.

Festhalten und Loslassen

Diese zehn Kriterien guten Unterrichts bewegen sich im Spannungsfeld von Festhalten und Loslassen. Der Lehrer kreiert eine sinnvolle und sinnstiftende Lernumgebung, in der die Schüler zugleich Lernangebote vorfinden, die zum Nachdenken anregen und sie auf zwanglose Art und Weise herausfordern, selbst als lernendes Individuum eigene individuelle Lernfortschritte zu erzielen. Für diese Umsetzung muss der Lehrer zunächst einmal selbst die Lernumgebung erkunden, damit er, ausgehend von der jeweiligen Klasse, einschätzen kann, welche Angebote möglich sind und welche nicht. Dies muss immer wieder neu auf die jeweilige Klassengröße, aber auch auf die individuellen Eigenschaften der Kinder angepasst werden. Man kann eine solche Analyse daher nicht nur ein Mal tätigen und sich anschließend immerwährend darauf verlassen, dass die für eine bestimmte Klasse ausgewählten Arrangements ebenfalls in jeder anderen Klasse zu denselben Erfolgen führen. Eine Diagnose der Lernumgebung erfordert demnach eine klare Analyse der Herkunft der Schüler (Ausgangssituation), des Lernstoffes (Vorkenntnisse) und des Lehrers (Selbsterkenntnis über seine eigenen Möglichkeiten und Grenzen). Zudem ist diese Analyse ebenfalls mit Blick auf die Zukunft derselben Schüler (Persönlichkeitsentwicklung und Entwicklung der Lerngruppe) sowie des Lernstoffes (Zielstellungen und Grundlagen) und des Lehrers (Kreativität der Unterstützung im Lehrprozess) durchzuführen. Im vorgegebenen Lernraum muss der Lehrer zugleich flexibel, aber auch standhaft sein. Er vertritt einen klaren Standpunkt, ist verantwortungsbewusst und in Bezug auf das zu vermittelnde Wissen ansprechbar, aber gleichzeitig auch flexibel genug, um zu improvisieren und unvorhergesehene Wendungen und Impulse in seinen geplanten Lehrprozess einzubeziehen.

Es gibt ein schönes Bild, das diesen Prozess deutlich umschreibt.[7] Dieses Bild stammt aus dem Alpinismus und spiegelt genau dieses beschriebene spannungsvolle Verhältnis von Festhalten und Loslassen wider. Diejenigen, die sich an einer Bergwand abseilen, sich rückwärts ins Leere fallen lassen, müssen sich auf einen Freund verlassen können, der für ihre Sicherheit sorgt, indem er das Seil sichert, festhält oder verankert. Ohne diese Sicherheit kann der Sprung ins Unbekannte nicht stattfinden. Ohne Verbindung mit Traditionen, mit dem, was vorgegeben ist, und ohne die Garantie, dass jemand diese Tradition vergegenwärtigt und gewährleistet, kann die zukünftige Generation sich nicht an Neues heranwagen. Nur im Zusammenspiel von beidem können neue Bedeutungen entstehen. Der Lehrer gibt Halt, der Schüler kann springen. Guter Unterricht sorgt für die idealen Umstände, unter denen dieser beiderseitige Lernprozess stattfinden kann. In einer gut geführten Klasse kann der Prozess vom Sprung ins Unbekannte, der kritische und flexible Umgang mit Tradition, mit dem, was an Kenntnis, Disziplin und Organisation vorgegeben ist, selbst zum Thema des gemeinsamen Gespräches im Unterricht gemacht werden. Transparenz in einer Kommunikation über das Spannungsfeld von Flexibilität und Standfestigkeit, von Loslassen und Festhalten ist für die Schüler sehr wichtig. Sie wollen und sollen wissen, an welcher Stelle sich Lehrer, Klasse und Lernstoff befinden, sodass sie sich selbst besser im Lernprozess und in ihrem Leben positionieren können.

3. Inspiration

Ich möchte dieses Bild von dem sicheren Sprung ins Ungewisse anhand einer Geschichte entfalten. In dem herrlichen Buch „Oskar und die Dame in Rosa" erzählt Eric-Emmanuel Schmitt[8] die Geschichte des zehnjährigen Oskar, eines todkranken Krebspatienten, der nicht weiß, was ihm in den letzten Wochen seines Krankenhausaufenthaltes noch bevorsteht. Oma Rosa, eine rüstige alte Dame, ist eine Art Klinikclown. Sie möchte Oskar aufmuntern und entpuppt sich – offenbar ohne es selbst zu wissen – als kreative Mentorin für Oskar.

Außenstehende in der Gebärmutter des Lernprozesses

In dem Buch wird natürlich keine herkömmliche Unterrichtssituation beschrieben, doch die Beziehung, die die beiden Hauptakteure aufbauen, ist absolut pädagogischer Art. Oskar sucht nach Ankerpunkten in seinem tristen und unvorhersehbaren Leben. Die einzige Sicherheit, die er hat, ist, dass er unheilbar krank ist und auf den Tod wartet. Oma Rosa bietet ihm eine klare Struktur und eine echte Lernzeit (erstes und zweites Kriterium von Hilbert Meyer), um mit seinem Leid, seinem Kummer und seinen Sehnsüchten umzugehen und aus der Zeit, die ihm noch bleibt, bestmöglich zu lernen. Dazu gibt sie ihm ein Zeitschema an die Hand: Jeden kommenden Tag soll Oskar als zehn Jahre seines weiteren Lebens ansehen. So durchlebt er seine Pubertät, seine erste Beziehung, seine Hochzeit, seine Midlifecrisis, das hohe Alter und den nahenden Tod in kompensierter Form. Das Buch ist ein echter Ratgeber, weil das Leben in all seiner Komplexität und dem Ringen mit dem Glauben an Gott auf spielerische und zugleich ernste Art und Weise durch die Beziehung von Oskar und Oma Rosa zur Sprache kommt.

Oma Rosa hat die Situation gut diagnostiziert. Sie überprüft, ausgehend vom Lernstoff, den Schüler und ihre eigenen Fähigkeiten und schaut, was unter den gegebenen Umständen möglich ist. Dabei bietet sie sich selbst als Referenzpunkt in ihren Gesprächen mit Oskar an. Zudem ermutigt sie ihn, selbst aktiv zu werden und seine Grenzen – ungeachtet der Begrenztheit des Lernraumes, des Krankenzimmers – zu erweitern. Oskar verliebt sich in Peggy Blue, ein Mädchen, das er sonst nie kennengelernt hätte, er führt verständige und tröstende Gespräche mit seinen ratlosen Eltern sowie seinem Arzt Doktor Düsseldorf und lernt, sich Gott zuzuwenden, mit dem er einen Schriftverkehr führt. Oskar wird in diesem Buch erwachsen, seine Lebenskenntnis entwickelt sich zur Lebensweisheit. Oma Rosa ist als Außenstehende anwesend in der Gebärmutter dieses Lernprozesses. Sie sieht, wie Oskar sich zu einem vollwertigen Menschen entwickelt, der sein Leben leben durfte, und sie lernt selbst etwas aus der Freude und der Zerbrechlichkeit dieser Erfahrung.

Eine Erzählung über guten Unterricht?

In vielen Punkten lassen sich die zehn Kriterien von Meyer auf
Oma Rosa und ihre „Ein-Schüler-Klasse" übertragen. Wie ich
bereits erwähnt habe, hilft Oma Rosa Oskar, die unübersichtliche
Zeit, die ihm noch bleibt, zu strukturieren (erstes Kriterium von
Meyer) und zu echter persönlicher Lernzeit umzuformen (zweites
Kriterium). Sie trifft mit ihm deutliche Absprachen und hilft ihm,
Subjekt des eigenen Lernprozesses zu werden, sodass es nicht zu
Verwirrung und Unübersichtlichkeit kommen kann (drittes Kriterium). Dazu gehört unter anderem, dass Oskar seine Gefühle
im Gespräch mit ihr und auch im Schriftverkehr mit Gott äußert
und zum Ausdruck bringt. Oma Rosa sagt: „Vertrau ihm deine Gedanken an. Gedanken, die man nicht ausspricht, machen
schwer. Das sind Gedanken, die sich festhaken, dich belasten
und dich erstarren lassen, Gedanken, die den Platz wegnehmen
für neue Ideen und in dir verfaulen. Du wirst zu einer Müllhalde
voller alter Gedanken, die zu stinken anfangen, wenn du sie nicht
aussprichst."[9] Oskar muss sich loslösen von dem, was ihn festhält,
er muss wachsen und diesen Wachstumsprozess eigenständig und
eigenverantwortlich führen. Oma Rosa hat dabei in ihrer Rolle
als Mentorin inhaltlich klare Prinzipien, sie nimmt kein Blatt
vor den Mund und tadelt ihren Lehrling, wenn es notwendig ist
(viertes Kriterium). Oskar lernt den selbstständigen Umgang mit
Fragen, geht schweren Fragen nicht aus dem Weg und entdeckt
allmählich selbst neue Lebensweisheiten. Die Kommunikation
zwischen Lehrer und Schüler ist sinnstiftend (fünftes Kriterium).
Oskar sagt am Ende seines Lebens: „Oma Rosa, ich finde, in dem
Medizinischen Wörterbuch stehen bloß ganz spezielle Sachen drin,
Probleme, die diesem oder jenem Menschen widerfahren können.
Aber die Dinge, die uns alle angehen, kommen gar nicht vor:
das Leben, der Tod, der Glaube, Gott." Auch in einer philoso-

phischen Enzyklopädie finden Menschen offensichtlich nicht die ultimative Antwort auf alle Fragen. „Die interessantesten Fragen bleiben immer Fragen. Sie bergen ein Geheimnis." Das Gespräch geht noch eine Weile auf diese Art und Weise weiter und Oskar beschließt: „Genau das, was ich denke, Oma Rosa, es gibt gar keine Erklärung fürs Leben, man muss einfach leben."[10]

Des Weiteren besitzt Oma Rosa eine große Methodenvielfalt (sechstes Kriterium). Sie belehrt, sie gibt Beispiele aus ihrem eigenen Leben zum Besten, sie bringt Oskar in Kontakt mit Peggy Blue, sodass er aus eigener Erfahrung lernen kann. Außerdem konfrontiert sie ihn dialogisch mit seinen Eltern und Doktor Düsseldorf. Der am besten ausgefeilte Lernprozess findet jedoch in der schriftlichen Kommunikation zwischen Oskar und Gott statt, obwohl diese Kommunikation sehr einseitig abläuft und es auf der gegenüberliegenden Seite vor allem still bleibt. Oskar wird individuell ermutigt, nicht aufzugeben und nicht sitzen zu bleiben, sondern seine Lebensgeschichte aufzugreifen und an sich selbst zu glauben, sich selbst zu vertrauen. Dies funktioniert nur, weil die Lehrerin Oma Rosa selbst die Ansicht vertritt, dass eine solche Entwicklung möglich ist (siebtes Kriterium). Darüber hinaus lernt Oskar aus seinen Fehlern, was sich in dem folgenden Beispiels widerspiegelt. Nachdem Oskar erfahren hat, dass seine Eltern nicht wissen, wie sie den unausweichlichen Tod ihres Kindes bewältigen sollen, entflieht er zuerst dieser Situation. Seine Mentorin Oma Rosa bringt ihn jedoch wieder auf den Weg zurück und lehrt ihn das „intelligente Üben" (achtes Kriterium). Er lernt dadurch aus seinen Fehlern im Sinne von: „Je mehr Schläge du aufs Maul bekommst, um so mehr hältst du aus. Man darf die Hoffnung nie aufgeben."[11] – und geht dann unverzagt an das Gespräch mit seinen Eltern und dem Arzt heran. Das Buch besitzt ein offenes Ende. Der Lernprozess wird nicht evaluiert, es finden keinerlei Tests und Prüfungen statt (neuntes Kriterium).

Hat Oskar nun wirklich etwas gelernt? Eine Besonderheit ist hierbei natürlich die Anwesenheit des Todes. Was bedeutet lernen im Angesicht des Todes? Es bleibt letztlich allein die Stille. Diese ist jedoch an sich ein geeigneter Platz für eine Evaluation. Die Lernumgebung ist daher gut vorbereitet (zehntes Kriterium). Das Krankenhauszimmer ist für Oma Rosa der Klassenraum, in dem sie beim Erzählen der Geschichten und beim Zuhören ihrer Schüler in ihrer Rolle als Lehrende aufblüht.

In diesem Buch geht es in der Tat um eine pädagogische Beziehung von begrenztem Umfang: Eine Mentorin und ein Schüler. Allmählich breitet sich die Lernumgebung aber weiter auf die Mitpatienten, die Freundin von Oskar und vor allem auf seine Eltern und Doktor Düsseldorf aus, die immer wichtigere Rollen in der Erzählung spielen. Oskar erkundet seine Lernumgebung und wagt aufgrund der Sicherheit, die Oma Rosa ihm gibt, den Sprung ins Unbekannte und sucht das Gespräch mit seinen Eltern und Doktor Düsseldorf über Tod, Endlichkeit und Fehlschläge. Am Ende des Buches werden seine Eltern, aber auch der Doktor durch Oskar geprägt, wodurch sich die ‚Lerngruppe‘ auf der Basis der pädagogischen Vertrauensbeziehung mit Oma Rosa und ihrem guten Unterricht enorm erweitert hat. Ausgehend vom Umgang mit der Zerbrechlichkeit des Lebens und dem gelernten Wissen, welches Oma Rosa ihm zugänglich gemacht hat, wird Oskar auf seine eigene Art und Weise selbst zum Mentor für Andere.

4. Herausforderung

Schaut man sich die Liste mit den zehn Kriterien guten Unterrichts an, so stellt sich unweigerlich die Frage, welches der eigene Favorit ist. Hilbert Meyer ermutigt die Leser seines Buches, sich darüber Gedanken zu machen, wo die jeweils eigenen Vorlieben liegen und welche zusätzlichen Kriterien man finden kann, um davon ausgehend eine eigene Liste für guten Unterricht zu erstellen. Sich diese Fragen zu stellen, ist für die Entwicklung einer eigenen Professionalität notwendig. Die Prioritäten, die man sich setzt, sagen immer viel über einen selbst aus: „Wer bin ich als Lehrer? Wo sehe ich den größten Bedarf für professionelles Handeln? Worin bin ich selbst gut? Woran muss ich noch arbeiten? Wie kann ich mich während meiner Ausbildung und des weiteren beruflichen Werdegangs als Mensch entfalten?"

Parker Palmer ist der Ansicht, dass Lehrer sich fortwährend weiterbilden müssen.[12] Die beste Schulung geschieht dadurch, dass man selbst immer wieder Schüler wird und bei Kollegen in die Lehre geht: „Wie vermitteln Kollegen dieselben Fachinhalte, wie gehen sie mit Schülern und deren Fragen um, welche Prioritäten setzen sie bei der Vorbereitung und der Durchführung ihres Unterrichts?" Eine andere Möglichkeit besteht darin, von Zeit zu Zeit sachliche Inhalte anderer Fächer kennen und vermitteln zu lernen, um zu schauen, wie sich dies auf die Organisation des eigenen Unterrichts auswirken kann. Nur derjenige, der „fremd geht", es wagt, für sein Fach neue Inhalte und selbst ein ganz neues Fach zu suchen, der bleibt laut Parker Palmer frisch für die eigene Klasse.

Das stets präsente Spannungsfeld von Festhalten und Loslassen ist eine eigene Betrachtung wert. Im Verlauf der weiteren Kapitel komme ich immer wieder auf diese Spannung zu sprechen. Vieles kann geplant und organisiert werden, wie Inhalt und Organisation von Unterricht, aber vieles liegt auch nicht in der Hand des Lehrers. Es ist gut, wenn man sich das bewusst macht. Denn einige Lehrkräfte verzweifeln, weil sie enttäuscht und nicht zufrieden sind, wenn sie nur einige und nicht alle ihre Pläne in die Tat umsetzen konnten oder mit ihren eigentlich gut gemeinten Absichten den spontanen Gang des Unterrichts unterbrochen haben. Andere werden den Anforderungen nicht gerecht und trauen sich zu wenig, widersprüchliche Situationen und Inhalte zum Nachdenken im Lernprozess anzubieten. Man verliert die Kontrolle über das Unterrichtsgeschehen und es wird nicht mehr gelernt. Eine gute Mischung von Angebot und Nachfrage, von sichernder Bewahrung von Tradition durch Festhalten auf der einen und Loslassen auf der anderen Seite benötigt professionelle Flexibilität. Listen mit Kriterien für guten Unterricht aufzustellen ist eine Sache, sich an den Lernprozess zu wagen, der im Wesentlichen nicht vorhersehbar und planbar ist, ist eine andere Sache. Beides verlangt Öffnung: Planen und „Ent-planen", Festhalten und Loslassen, Mitgehen und Standhalten. Das Anliegen dieses Buches ist es, in diesem Spannungsfeld wachsam zu bleiben und sich nicht zu einem der beiden Extreme verleiten zu lassen.

Kapitel 2

Sozialisierung

Ein Lehrer muss nicht nur eine gute Diagnose stellen, er muss auch gut handeln. Die Frage ist hier jedoch: Was ist der Maßstab für das sogenannte „Gute"? In welche Wertvorstellung ist das Gute eingebettet? Was hat eine Schule als Wertegemeinschaft im Blick, wenn sie sagt, dass sie das Beste für alle Kinder möchte? Wozu dient die Bildung, die sie anbietet? Dient sie dazu, Kinder und Jugendliche darauf vorzubereiten, maximal selbstständig zu werden und ohne Rücksicht auf andere Menschen an der Gemeinschaft der Zukunft teilzunehmen? Oder dient sie dazu, sie für das sinnvolle Ganze sensibel zu machen, für das „Zusammen" des Zusammenlebens, zu dem jeder solidarisch seinen Teil beiträgt? Was ist das Beste?

1. Praxis

Man hört es heute immer wieder in vielen verschiedenen Weisen: Die Erwartungen in Bezug auf zukünftige Generationen sind hoch. Sie werden schon früh an hektische Lebens- und Lernumstände gewöhnt, denn in unserer Wissensgesellschaft ist kein Platz für „Versagertypen". Wer mithalten will, muss etwas leisten und lernen. Leistungsnormen – übrigens oft verkleidet in Form sogenannter „Qualitätsnormen" oder Normen für das, was vermeintlich „gut" ist – legen nicht allein Betrieben, Hochschulen, Universitäten und Behörden die Zwangsjacke an, sondern dringen auch vor bis zu den Grundschulen und den weiterführenden Schulen. Leistung zu erbringen ist ein Muss, Leistung tut gut. Zugleich klingt in dieser Fortschrittsparole bei vielen ein stilles Leid mit: Was tun wir unseren Kindern und Jugendlichen eigentlich an? Der Schreck fährt einem in die Glieder, wenn sich wieder ein Jugendlicher von diesem ständigen Konkurrenzkampf abwendet und aus diesem Leben aussteigt, seinem Leben selbst ein Ende setzt. Hier stellt sich die Frage, sind wir eigentlich auf einem guten Weg?

Mit-Mensch des Anderen werden

Sozialisation hat zwei Seiten: Sie bedeutet einerseits, ein Jemand zu werden, sich selbst zu entwickeln und seine Talente bis ins kleinste Detail zu erkunden und auszubauen. Aber sie bedeutet andererseits auch, ein Jemand für einen Anderen zu werden, ein *„socius"* oder Mitmensch zu werden. Bildung, verstanden als Vorbereitung auf die Integration in ein Gesellschaftsmodell, welches nur das Erbringen von Leistung aus Eigennutz und auf Kosten anderer Menschen intendiert, trägt nicht bei zum Menschen in seiner Eigenschaft des Mitmensch-Seins. Diese Eigenschaft ist nicht allein ein Ideal, sondern gleichsam ein Lebensquell. Ich werde „Ich" dank Dir, einen anderen Weg gibt es nicht. „Alles, was ich hab', ist ein Name nur, den hab' ich von einem Anderen", singt Herman van Veen. Persönlichkeitsentwicklung geschieht stets in der Begegnung mit dem Anderen – in erster Linie durch den Konflikt oder die Zusammenarbeit – aber immer in der Begegnung, in der Gegenseitigkeit. Dies zu erkennen bedeutet, den Menschen in seinem Wesenskern zu erkennen. Bildung, die ein verzerrtes Menschenbild übermittelt, richtet sich gegen das Mensch-Sein des Menschen!

In diesem Kapitel plädiere ich für die Wiederherstellung des Begriffs der Sozialisation in seiner ursprünglichen Bedeutung von Mitmensch-von-Anderen-werden. Ich sehe diesbezüglich viele Möglichkeiten und bin davon überzeugt, dass viele jüngere und ältere Lehrkräfte begeistert nach Wegen suchen, um Kinder und Jugendliche zu Mitmenschen voneinander und füreinander zu bilden. Zwei gesellschaftliche Herausforderungen verstärken und intensivieren heutzutage diese Suche: Der Umgang mit Verschiedenheit und Vielfalt (denkt man unter anderem an soziale, kulturelle, religiöse, körperliche und sexuelle Unterschiede) und der Umgang mit Verletzlichkeit. Verschiedenheit kann bedrohend sein und Konflikte hervorrufen, aber sie kann in einem erzieherischen Rahmen auch zu Reichtum führen. Gemeinsam die menschliche Erfahrung von Verletzlichkeit zu teilen, ist pädagogisch relevant und kann didaktisch zu einem Lernprozess gemeinschaftlich getragener Verletzlichkeit umgeformt werden.[1] Denn es ist normal anders zu sein und es ist normal verletzlich zu sein. Genau darin liegen die Gründe guten Unterrichts; Kindern und Jugendlichen dies bewusst zu machen und sie zu lehren sich Anderen anzuvertrauen.

Besteht hierfür eine gesellschaftliche Grundlage? Kann der Unterricht dies realisieren, wenn die Gesellschaft es kaum oder gar nicht beachtet? Die Schule ist kein „Reservat", sondern eine regelrechte Spiegelung der Gesellschaft samt aller destruktiven und menschenunwürdigen Kräfte, die dort herrschen. Die Schule sollte jedoch zugleich eine „Oase" sein, wo Kindern und Jugendlichen Raum gegeben wird, die Eindrücke der Gesellschaft ungestört – in aller Verschiedenheit und Verletzlichkeit – verarbeiten zu können. Diese Eindrücke bringen sie auf vielerlei Weise mit in die Schule, von einem nur vagen Bewusstsein der Außenwelt wegen des Überbehütet-Seins zuhause bis hin zu schmerzhaften Prellungen, zugezogen in der Konfrontation mit gewalttätigen Anderen. Wie viele Verletzungen junger Menschen kann eine Schule tragen? Wie groß ist ihre Tragfläche? Besteht nicht die Gefahr der Lähmung, wenn die Schule auf sich allein gestellt ist und nicht mehr durch Eltern und das Umfeld der Schule unterstützt wird? Es spricht für sich, dass dies eine gesellschaftliche Frage ist, die eine Gewissensprüfung von allen Beteiligten erfordert.

2. Theorie

Wie kann solidarisches Lernen – Lernen von-, an- und miteinander – in der Schule eingeübt werden? Es setzt in jedem Fall die Kontaktaufnahme von Mensch zu Mensch voraus. Das so oft bejubelte Internet mit all seinen Möglichkeiten bis hin zum *E-Learning* ist für viele Schüler keine gute Sache. Es ist eine Quelle von Wissen und Informationen, aber nicht von Erkenntnis und persönlicher Auseinandersetzung. Wissen bleibt nur haften und wird fruchtbar, wenn es geteilt wird. Es sucht sich einen Weg zu Menschen, die sich dafür öffnen, die sich für Wissen empfänglich zeigen und mit ihm ringen wollen – nicht in einem luftleeren Raum, sondern im Gespräch mit Anderen, mit Mitmenschen auf dem Weg des Wissens und der Erkenntnis. Es fällt mir oft auf, dass die Informationen auf bestimmten Internetseiten zwar durchaus ergiebig sind, aber der Austausch darüber in dazugehörenden *communities* meistens sehr dürftig ausfällt. Menschen benötigen einander, um zu leben und zu lernen. *Face to face*-Unterricht kann und soll niemals vollständig von Computern ersetzt werden. Das heilsame Aufeinandertreffen von Erkenntnissen in einem Lernprozess benötigt Menschen aus Fleisch und Blut, die in der Gegenwart des Anderen lernen. In das Spannungsfeld zwischen dem Du und dem Ich, die zusammen ein Wir formen, in dieser sinn-stiftenden Mitte[2], gehören alte und neue Medien allenfalls als Hilfsmittel für menschliche Kommunikation. Sie können die Leben spendende Rolle der menschlichen Begegnung und des *face to face* nicht übernehmen. Primär sind „in der Mitte" Menschen zu Hause, die sich in zwischenmenschlicher Auseinandersetzung zu einzigartigen Persönlichkeiten entwickeln. Lernen ist im Grunde eine solidarische oder in-klusive Tätigkeit: Beim Lernen braucht niemand allein zurückzubleiben und muss niemand ausgeschlossen oder ex-klusiv behandelt werden.

Teaching for the test

Strukturell gesehen ist unser Bildungssystem meilenweit von einem solidarischen oder inklusiven Lernkonzept entfernt. Ein interessantes Beispiel hierfür habe ich bei Parker Palmer gelesen: Denk an die Lehrkraft, die bei der Prüfung lachend behauptet, dass Schüler nicht „zusammenarbeiten" dürfen, während sie eigentlich meint, dass sie nicht abgucken dürfen.[3] Wenn auch Prüfungen einen bildenden Wert haben sollen, wäre es sinnvoll, über solidarische oder inklusive Prüfungsformen nachzudenken. Aber so funktioniert das System nicht. Lernen wird individuell überprüft. Schüler werden in dem Moment der Prüfung voneinander isoliert und gegenseitig voneinander ausgeschlossen, um sich aus eigener Kraft zu bewegen und zu zeigen, wie sie sich den objektiven Stoff „da draußen" auf eine subjektive Weise „hier drinnen" angeeignet haben. Sie geraten in ein Konkurrenzschema: „Wer kann die besten Resultate vorweisen und wer unterscheidet sich im Aneignungsprozess von dem Anderen?" Oder auch: „Wer wird sich mit seinem Erfolg den besten Zugang zur Gesellschaft oder dem Arbeitsplatz schaffen?" Das schöne und fruchtbare Werk des vorherigen Zusammenarbeitens in der Klasse wird in dem einen Moment des individuellen Tests vernichtet.

Diese Situation regt zum Nachdenken an über das, was wir mit Unterricht bezwecken wollen. Auf der einen Seite hantieren wir mit edlen Idealen im Sinne von „jeder hat das Recht, zusammen von, an und mit Anderen zu lernen", andererseits isolieren wir Kinder und Jugendliche in der Stunde der Wahrheit voneinander. Oft ist Unterricht faktisch auf *teaching for the test* ausgerichtet und vernachlässigt das Lernen, welches sich während des Lernprozesses selbst vollzieht. Dies geschieht in dem Moment, in dem Kinder und Jugendliche mit dem Lernstoff ringen und sich mit den Ansichten der anderen Mitmenschen und denen des Lehrers auseinandersetzen. Und was wird eigentlich während der Prüfung getestet, was ist die Validität der Prüfung? Testen wir angeeignetes Wissen (welches Kinder in dem Prozess erlernt haben) oder testen wir zum Beispiel Belastbarkeit und Konzentrationsvermögen der Kinder (was sie unter Druck präsentieren können)? Ist ihr Lernen an sich gemeinschaftlich genug und findet es in dem Moment statt, wo sie Lernstoff mit ihren Mitmenschen teilen und austauschen, oder ist ihr Lernen rein funktionell, fokussiert auf die Prüfung, um sich damit in der Schule und später auf dem Arbeitsmarkt von Anderen als der Bessere zu unterscheiden? Im vorherigen Kapitel habe ich mit Hilbert Meyer auf die Bedeutsamkeit eines lernförderlichen Klassenklimas hingewiesen. Ich weiß aus Erfahrung, dass dies für junge Menschen – ob in der Grundschule, der weiterführenden Schule oder der Hochschule – grundlegend ist: Eine tolle Lerngemeinschaft, in der Menschen als Gefährten oder *socius* zusammenarbeiten, in der sie „sich sammeln" und „mit-menschlich" gelernt wird.

Verletzliche Differenz

Verschiedenheit und Verletzlichkeit sind in einem sozial gefärbten, solidarischen oder inklusiven Lehrprozess bedeutsame Lernerfahrungen. Lehrer und Schüler gehen diesen Erfahrun-

54

gen nicht aus dem Weg, sondern nehmen sie als Lernchance wahr. Wenn Diversität nicht wahrgenommen wird, entsteht eine Atmosphäre gemäß dem Motto „Alles ist gleich, nichts macht einen Unterschied". Menschen bemühen sich dann auch nicht mehr darum, sich vernünftig voneinander zu unterscheiden oder präsentieren sich gerade dann sehr frustriert gegenüber Anderen. Eine Klasse kann unter Gleichgültigkeit leiden, wenn um des „lieben Friedens willen" Meinungsverschiedenheiten ignoriert werden. Ebenso kann eine Klasse schwer an der Gewalt einzelner oder von Gruppen zu tragen haben, die das Geschehen in der Klasse und auf dem Pausenhof dominieren. Lernen findet in beiden Fällen nicht statt. In einer Atmosphäre von Gleichgültigkeit oder von versteckter Gewalt kann nichts Neues entstehen. Ein guter Lehrer ist darauf ausgerichtet, derartige „Gleich-gültigkeit" und Gewalt zu erkennen, zu entkräften und Menschen als *socius* wieder miteinander ins Gespräch zu bringen und voneinander lernen zu lassen. Ich nenne dies „Arbeiten an einer Kultur der Differenz".

Eine solche Kultur benötigt Respekt für gegenseitiges Wachsen in Differenz und für die Verletzlichkeit des Anderen. In einer Situation, in der Menschen einander diesen Suchprozess vom Fallen und wieder Aufstehen nicht gönnen, kann ebenso wenig gelernt werden. Auch dann wird der Lernprozess blockiert. Menschen machen Fehler, können Dinge falsch einschätzen, lassen sich manchmal in ihrer Wut oder Trägheit gehen, aber sie sind gleichwohl im Stande, aus ihren Fehlern zu lernen, Dinge zu berichtigen und bewusst einen Unterschied zu machen. Wo kein Raum für Unvollständigkeit, Unklarheit und Vorläufigkeit besteht, entsteht Angst und Menschen werden zu Konkurrenten untereinander. Fehlbarkeit gehört zum Leben: Aus Fehlern und mit Fehlern lernen wir zu leben. Selbsterkenntnis – aus den eigenen Fehlern zu lernen – und Selbstachtung – unterschiedlich sein zu dürfen – sind zwei wichtige Ergebnisse eines guten Lernprozesses. Auch hier erfüllt die Schule eine Vorreiterrolle in der Gesellschaft.

Diese komplexe Erfahrung von „verletzlicher Differenz" in der Schule sendet noch auf eine andere Art ein Signal an die heutige Gesellschaft. Denn Menschen werden sich heutzutage über eine Erfahrung von geteilter Humanität bewusst, die darin liegt, dass sie als Menschen miteinander in der Tatsache übereinstimmen, dass sie faktisch unterschiedlich sind. Für viele ist diese Erfahrung eine neue Quelle von Spiritualität. Wenn die Quelle vom geteilten Mensch-Sein erst einmal erschlossen wird, wagt man auch wieder, sich ganz der Entwicklung der eigenen verletzlichen, aber gleichzeitig einzigartigen Identität zu widmen, traut man sich wieder, auf die eigene Seele zu hören und den verletzlichen, aber gleichzeitig einzigartigen eigenen „Stand-Punkt" zu vertreten. Die Grundstruktur des Mensch-Seins ist spiritueller Art: Ich werde in und an der verletzlichen und gewaltlosen Begegnung mit dem Anderen mehr und mehr ich selbst. Umgekehrt ist das Selbst unentbehrlich für die Begegnung. Ohne Unterschied gibt es keine Begegnung und ohne Begegnung keinen Unterschied. Diese humane, ethisch qualifizierte Grundstruktur ist an sich spiritueller Art. Ich empfange grundsätzlich, wer ich bin.[4]

Didaktik der Differenz

Ich will hier nicht zu sehr idealisieren, sondern weiter untersuchen, wie wir innerhalb des vorgegebenen Rahmens pädagogischen Handelns solidarischem oder inklusivem Unterricht mehr Aufmerksamkeit schenken können. Ich möchte den in der Bildungspolitik umstrittenen Begriff des inklusiven Unterrichts, bei dem im weiteren Sinne für eine intensive Zusammenarbeit von Kindern mit verschiedenen kulturellen Hintergründen oder im engeren Sinn von einem gemeinschaftlichen Unterricht aller Kinder mit oder ohne Behinderung plädiert wird, erweitern zu einem Begriff von inklusivem Unterricht als solidarischem oder mit-menschlichem Unterricht. Wie können wir darauf achten, dass Kinder einerseits im Lernprozess zusammenbleiben und andererseits lernen, ihre eigenen Talente selbständig zu entdecken und zu entwickeln?

Konkret didaktisch kann das bedeuten, dass Kinder im Lernprozess zusammenbleiben, indem sie an demselben Thema arbeiten. Die Aufgaben können nach individuellen Möglichkeiten verteilt werden. Am Ende aber müssen die Ergebnisse wieder gesammelt und ausgetauscht werden. Dann muss sich zeigen, was jeder Einzelne aus der Auseinandersetzung mit dem Thema gelernt hat und wie aus der Integration der einzelnen Teile ein neues Gesamtbild entsteht, etwas, das zu Beginn des Lernprozesses noch nicht vorhanden war. Menschen unterscheiden sich dann voneinander, lernen aber gleichzeitig von-, an- und miteinander. Das Recht auf Gleichberechtigung wird dabei durch das Recht auf Unterschiedlichkeit realisiert, so Hartmut von Hentig.[5]

Der deutsche Inklusionspädagoge Georg Feuser beschreibt den gemeinschaftlichen Lernprozess-in-Differenz anhand des Bildes eines soliden Baumes. Der Baum steht verwurzelt in einem weiten Feld des Wissens und wird genährt durch wissenschaftliche, aber auch populäre Erkenntnisse über den Menschen, die Welt und die Gesellschaft. Der Stamm steht als Symbol für den gemeinsamen Gegenstand des Unterrichts oder des Projekts. Die Äste und Zweige, die sich vom Stamm her ausstrecken, verweisen auf die innere Differenzierung der Unterrichtsstunde oder des Projekts. Der Lehrer achtet darauf, dass jedes Kind mit seinen Möglichkeiten den Lernstoff erkunden und sich persönlich aneignen kann. Er sorgt dafür, dass jedes Kind aus eigener Kraft mit individuell angepassten Zielen, Arbeitsformen, Impulsen und weiteren Lernbedingungen lernen kann. Aus der Ferne betrachtet sind alle mit demselben Prozess beschäftigt: Der Baum wächst und verzweigt sich, die Blätter entfalten sich, suchen die Sonne und bleiben gleichzeitig alle verbunden mit demselben Stamm, dem gemeinsamen Thema. Aus der Nähe betrachtet fällt auf, dass jeder in seinem eigenen Tempo lernt. Der differenzierte Lernprozess ist jedoch geeint in demselben Stamm, dem gemeinsamen Thema, welches alle betrifft und durch seine Verschiedenheit auch die Ansicht des Baumes als Ganzen bereichert.

Solidarisch, inklusiv oder mit-einander lernen ist dann ein organischer Prozess, in dem alle eins sind in verletzlicher Differenz. Es ist selbstverständlich, dass die Inhalte, die zur Sprache kommen, in diesem komplexen Gefüge gut vorbereitet werden müssen. Im dritten Kapitel werde ich in diesem Zusammenhang über die Elementarisierung des Lernprozesses im „Stamm des Baumes" sprechen.

Verbindendes und verbindliches Lernen

Ein guter Lehrer bindet Kinder und Jugendliche aneinander wie die Äste eines Baumes. Er achtet darauf, dass sie sich nicht voneinander entfernen, sondern miteinander verbunden bleiben. Darüber hinaus überträgt er den Kindern und Jugendlichen die gemeinsame Verantwortung für den Lernprozess. Dafür halten sie sich gemeinsam an das gemeinschaftliche Projekt. Sie lernen vom Lehrer, sich einander zu zuwenden und einander nicht aus den Augen zu verlieren. Jedem wird zugetraut, seine eigenen Qualitäten optimal zu entwickeln, sodass alle davon profitieren können. Jeder muss im Moment des Zusammenkommens individuell Rechenschaft über den eigenen Beitrag ablegen: „Welche

58

Fähigkeiten und Fertigkeiten hast du weiterentwickelt, um sie nun allen anbieten zu können?" Von den Stärkeren wird ein größerer Beitrag erwartet: Sie müssen als Paten, als Gefährten im Lernprozess dem Lernen der Schwächeren besondere Beachtung schenken. Auf diese Weise werden sie aufgefordert, den komplexen Lernprozess für Mitschüler zu vereinfachen, was letztendlich auch ihnen selbst zugute kommt.

Unter dem Impuls des zur Solidarität auffordernden Lehrers werden Schüler mit verantwortlich für das Lernen des Anderen. Der amerikanische Bildungsphilosoph David Hansen drückt dieses verbindende Lernen folgendermaßen aus: „A teacher and his or her students should be moving closer and closer apart and (…) should be moving farther and farther together."[6] Wie ein Baum wachsen Schüler und Lehrer in ihrer Unterschiedlichkeit mehr und mehr untereinander wie auch mit dem Thema zusammen. Der Baum nimmt durch die Äste Gestalt an. Gutes Wissen verbindet, schlechtes Wissen zerreißt Beziehungen, macht Menschen zu Fremden füreinander. Dass Wissen mit dem Maß der Milde zu tun hat, habe ich bereits in der Einleitung dieses Buches ausgeführt. Am Ende dieses Buches komme ich auf die Gegebenheit zurück, dass Wissen fundamental mit Liebe zu tun hat.

Lernen anhand einer Vision

Der amerikanische Bildungsphilosoph John Dewey schreibt in seinem Buch *A Common Faith* (1934), dass Lernen – ob in religiöser Perspektive oder nicht – wesentlich in der Verbundenheit von Menschen miteinander geschieht. Wenn Menschen sich von den versklavenden Ideologien, die wie Götter über sie hinweg herrschen, befreien könnten und sich in vollem Umfang zum alltäglichen *face-to-face*-Umgang miteinander und zur Realisierung ihrer gemeinsam abgesprochenen Ideale oder Lernziele bekehren könnten, dann würde eine große Menge an neuer Energie für eine wahrhaft bessere Welt entstehen können. In einer Zeit gesellschaftlicher und politischer Zerrissenheit wie in den 30er Jahren des vorigen Jahrhunderts plädiert Dewey für neue Zusammengehörigkeit, für eine gemeinschaftliche Vision, für einen *common faith*, einen gemeinsamen Glauben. Diese Vision von verbindendem und in Verbundenheit Lernen ist für ihn wie eine neue Religion.[7]

Wahrhaftig lernen findet nach John Dewey nie allein statt. Stattdessen wagt der Lernende sich an einen gemeinschaftlichen Lernprozess, wofür vor allem Inspiration notwendig ist. Dazu sagt Dewey: „Menschen können durch die Inspiration des Guten, durch das Aufstellen von Zielen und das Formulieren von Idealen in (Form von) Geschichten in Bewegung geraten. (…) Inspiration ist laut Dewey nicht nur imaginäre Einbildung, sondern sie besteht, mit Hilfe konkreter Sachen und sozialer Ereignisse, aus dem Leben der Menschen selbst. Im Vermögen, sich das Gute vorzustellen sowie es darzustellen, und in der Kraft, durch Kooperation und Zusammenarbeit das Gute zu vollbringen, wachsen Menschen über sich selbst hinaus und kreieren eine neue Wirklichkeit."[8]

Im vierten Kapitel dieses Buches werde ich auf die Bedeutsamkeit des eigenen Beitrags in diesem solidarischen oder kommunikativen Prozess zurückkommen. Denn das Spannendste von allem ist, dass Menschen in diesem Prozess ihrer Eigenheit und Differenz auf die Spur kommen können und diese dann, damit von Lernen die Rede sein kann, sichern müssen. Der Weg zur Selbstständigkeit verläuft entlang des Weges der Intersubjektivität, der Begegnung-in-Differenz.[9] In diesem Sinne ist eine konkrete Didaktik der Differenz gegeben, in der Menschen gemeinsam den Lernprozess planen, ausführen, besprechen und evaluieren und dabei nicht vergessen sollen, gemeinsam Freude daran zu haben. Menschen „pflanzen einen Baum" auf der Basis einer guten Verständigung (Verankerung des Stammes in dem gemeinsamen Boden) und mit dem Fokus auf das konkrete Realisieren einer Vision des Guten (in den Ästen nisten Vögel aller Art). Die Didaktik der Differenz darf an dieser Stelle nicht mit der Didaktik der Verschiedenheit, mit der Didaktik der Vielfalt verwechselt werden. Im Unterschied zu diesen betont Differenz die Erfahrung der Pluralität auf der persönlichen Ebene, das Anderssein, die Alterität gegenüber anderen Menschen.

3. Inspiration

Wissen hat mit Gewissen zu tun. Im Lernprozess lerne ich mich selbst zu verantworten: Ich lerne, eine Antwort auf die Frage zu geben, wie ich mit meinem Wissen umgehe und ob es zum Guten (nach John Dewey), zum gemeinschaftlichen Wohlergehen aller beiträgt. Ich kann diese Frage negativ oder positiv beantworten; ich kann ihr jedoch nicht aus dem Weg gehen. Ich muss mich mit ihr beschäftigen, denn dafür bin ich verantwortlich. Mein Lernen findet allzeit in der Anwesenheit von realen oder virtuellen Anderen statt. Auch wenn sie nicht in der Nähe sind, klingt die Frage durch: „Was willst du mit deinem Wissen? Wem kommt dein Wissen zugute?" Die Schule muss der Ort sein, an dem auch diese Art von Fragen ehrlich gestellt werden darf. Eine Selbstverständlichkeit ist das jedoch nicht.

Wissen vermittelt man, aber man erlangt es auch. Durch das Lernen wird man in einen größeren Verband aufgenommen. Ich habe zuvor bereits geschrieben, dass ich in aller Tiefe empfange, wer ich bin. Dichter und Künstler stellen diese Erfahrung oft überraschend und provozierend dar. Sie erinnern uns an die Tatsache, dass unsere narrative Identität oder unsere Seele, das, was wir im tiefsten Inneren sind, verwoben ist in Geschichten, die um uns herum zirkulieren. Unsere Seele wird uns in der verletzlichen und vielfältigen Begegnung mit unseren Mitmenschen zugeschrieben. Manchmal, in einem Moment der Klarheit, werden wir uns dessen schmerzlich bewusst. Die niederländische Philosophin Renee van Riessen nennt diesen Prozess der Einsicht zusammen mit François Lyotard „die Geburt der Seele":

„Die Seele ist belanglos (...) und sie wird erst durch bestimmte erschütternde, sensorische Impulse, die sie verletzen und auf eine demütigende Art und Weise an die Endlichkeit binden, zum Leben erweckt. Die Kunst besteht darin, sich diese schmerzliche Geburt der Seele in Erinnerung zu rufen, denn dies hilft uns dabei, unser Geburtstrauma nicht zu vergessen oder zu verdrängen, sondern hier und da erneut zu erleben."[10]

Der niederländische Liedermacher und Schauspieler Herman van Veen singt in seinem Lied „Alles, was ich hab" (1971) über diese Erfahrung von empfangener Sinnhaftigkeit und Wissen:

„Alles, was ich weiß, weiß ich von einem Andern
und alles was ich lass', lass' ich für einen Andern,
alles, was ich hab', ist ein Name nur,
den hab' ich von einem Andern.

Herman, ruft ein Mann, und ich lauf' fort.
Herman, ruft eine Frau, und ich zögere.
Herman, ruft ein Kind, und ich fühl' mich alt.
Herman, ruft der Wind, und mir wird kalt.

Alles was ich sag', sag' ich einem Andern,
und alles, was ich geb', geb' ich einem Andern,
alles was ich hab', ist ein Name nur,
den hab' ich von einem Andern.

Die Hand, die ich geb', geb' ich einem Andern,
und die Tränen, die ich lass', wein' ich um einen Andern.
Den Sinn, den ich hab', hab' ich in einem Andern
und die Liebe, die ich fühl', ist für einen Andern.

Nur meine Gänsehaut ist von mir selbst!"

Alles, was ich weiß, kommt von jemand Andern, nichts ist von mir selbst, so Herman van Veen. Dies ist eine ernüchternde Feststellung für den Menschen als intellektuelles Wesen, aber für die Seele zugleich eine Quelle großer Freude. Als Mensch kann und möchte ich mich in einen größeren Zusammenhang einfügen, einem größeren Ganzen von verletzlichen und verschiedenen Menschen, die sich in der Vergangenheit, heute und hoffentlich in der Zukunft solidarisch zueinander bekennen. Wissen wird von Generation zu Generation weitergegeben, wächst und wird vielschichtiger. Kinder und Jugendliche formen als lernende Individuen kleine Glieder in diesem großen Ganzen. Der Lehrer ist derjenige, der Wissen durchreicht an die nächste Generation, derjenige, der den Traditionsprozess leitet, der Menschen an- und miteinander verbindet, indem er solidarisches oder inklusives Lernen ermöglicht. Alles wird geteilt. Allein die Erfahrung der Geburt, diese Einsicht in die Seele jedes Individuums, gehört dem einzelnen Menschen selbst: „Nur meine Gänsehaut ist von mir selbst!"

4. Herausforderung

Viele Fragen bleiben offen. Klingt das alles nicht zu idealistisch? Ist die tägliche Praxis nicht viel widersprüchlicher? Was geschieht mit der Schule, wenn die Gesellschaft als Ganze wenig oder keinen Blick für kooperatives Lernen hat, wenn dort vor allem das Gesetz des Stärkeren gilt? Verhalten wir uns dann an der Schule nicht grausam und verlogen, Kinder und Jugendliche auf etwas vorzubereiten, was in Wirklichkeit gar nicht existiert? Selbst an der Universität hörte ich neulich diesen Seufzer: Was hat es für einen Sinn als Doktoranden unsere Projekte in geselligen Arbeitssitzungen einander vorzustellen und unendlich viel voneinander zu lernen, wenn wir nach Beendigung des Studiums und dem Erlangen unseres Doktorgrades als Konkurrenten, wie Wölfe gegeneinander, dem Anderen nichts mehr gönnen? Was haben wir dann eigentlich gelernt? Was haben wir uns selbst dann vorgelogen ...?

Das Konzept des solidarischen Lernens – in verletzlicher Wechselseitigkeit – setzt eine Atmosphäre von Vertrauen in der Klasse voraus. Dürfen junge Menschen reden, dürfen sie ihre vorläufigen und verletzlichen Gedanken äußern, auch wenn diese jenseits dessen liegen, was vorgegeben ist? Kann ihre Verantwortung in der Erkundung und dem Ausprobieren von abweichenden Antworten wachsen oder muss alles schon vollkommen und fertig sein? Bekommen Lehrer die Chance, diese Art von Lernprozessen in ihrer Klasse zuzulassen oder müssen sie blind den Standards folgen, die in Handbüchern, Lehrplänen und Forderungskatalogen der Kultusbehörden fixiert sind? Gibt es dort Zeit und Raum für den basalen Prozess des „Lehrer-seins" und gibt es dort Leitfäden in einem Labyrinth von Auffassungen und Perspektiven?

Zum Schluss stellt sich die Frage nach dem Vertrauen, die Schüler und ihre Lehrer in der Schule stellen sollten. Sich anvertrauen beinhaltet Hingabe an die Fremdheit des Lehrstoffes, an die Erfahrungen von Mitschülern, an die Perspektive des Lehrers und an das System der Schule. Was geschieht, wenn Schüler keine „Lernlust" mehr besitzen, keine Lust mehr haben, sich dem Fremden hinzugeben? Was passiert, wenn sie ihre Vorkenntnisse nicht mehr prüfen und für neue Inhalte öffnen wollen, wenn sie nicht mehr lernen wollen? Viele Kinder und Jugendliche haben „alles schon mitgemacht", sind verletzt in ihrem Vertrauen, wagen überhaupt nicht mehr, sich dem Fremden hinzugeben, und trauen sich nicht mehr zu lernen. Die Lernherausforderung wird als zu groß und überfordernd erfahren. Schüler fühlen sich hilflos.

Ich hoffe, dass Sie als Leser dieses Buches wagen, diese Art von Fragen anzugehen. Tun Sie dies zusammen mit Anderen, mit Kommilitonen in der Lehrerausbildung, mit befreundeten Kollegen an der Schule, mit Ihrem Partner und weiteren Personen in Ihrem Lebens- und Arbeitsumfeld. Bildung wird nicht länger betrachtet als ein Instrument für gesellschaftliche Veränderung, wie dies in den sechziger und siebziger Jahren des 20. Jahrhunderts der Fall war. Dennoch soll guter Unterricht, in leidenschaftlichen Lehrern zum Ausdruck gebracht und in die Wirklichkeit der Schule umgesetzt, immer wieder das Zusammenleben und -lernen unter Gefährten als Zeichen der Hoffnung für die Gesellschaft in die Mitte stellen.

Kapitel 3

Elementarisierung

Die „Wie"-Frage bestimmt in großem Maße das Denken und Handeln des Lehrers. „Wie schaffe ich es, meine Schüler mit dem Stoff, den ich ihnen vermitteln möchte, zu faszinieren? Mit welchen Methoden, Arbeitsformen und Impulsen soll ich versuchen, ihre Aufmerksamkeit zu wecken? Wie soll ich mich verhalten, wenn Schüler andere Wege gehen als diejenigen, die ich mir vorgenommen hatte? Wie schaffe ich es, über den Weg oder anhand der Methodik (im Griechischen steht *meta hodos* für ‚über den Weg'), die Schüler zu sensibilisieren, weiterhin aufmerksam zu sein?"

Auch als Universitätsdozent ertappe ich mich regelmäßig dabei, von dem ausgehen zu wollen, was Studenten spannend finden, und auf dessen Grundlage meine Stunde zu strukturieren. Zusammenhangslose Impulse, Textfragmente und Ausschnitte aus verschiedenen Schulbüchern werden dafür häufig zusammengebastelt. Es ist dann an den Schülern, bei diesem bunten Sammelsurium dennoch den Zusammenhang zu finden, den der Lehrer selbst kaum sieht. Die Versuchung für den Lehrer ist jedoch groß, „geschnittenes Brot" an eine Gruppe nach Wissen hungernden Schülern zu verteilen und sich dann im Anschluss mit der Tatsache abzufinden, dass ihr Wissenshunger gestillt ist, sie zur Ruhe gekommen sind und sich weiter keine unangenehmen Fragen mehr stellen.

1. Praxis

Ich möchte in diesem Buch bewusst die „Wie"-Frage, die Frage nach der Methodik des Unterrichts, zurückstellen. Selbst für die größten Denker in der Geschichte der Didaktik ist dies nicht die wichtigste Frage. Vielmehr kommt es bei der Vorbereitung und Ausführung des Lehrprozesses darauf an, andere Fragen zu stellen: *Warum* will ich Kindern und Jugendlichen etwas vermitteln, *wozu* will ich sie als Lehrer begleiten und erziehen und *was* will ich ihnen beibringen? Zuvor habe ich bereits darauf hingewiesen, dass es wichtig ist, als Lehrer zu lernen, Kinder und Jugendliche loszulassen. Dieses Loslassen geschieht einerseits mit Blick auf die Entwicklung einer eigenen Identität (erstes Kapitel) und andererseits stets im Zusammenhang mit sinngebenden Mitmenschen im Lernprozess (zweites Kapitel). In diesen beiden Kapiteln lassen sich die „Warum"- und „Wozu"-Frage wiederfinden. Hierzu werde ich in diesem Buch auch weiterhin Gedanken entwickeln.

In diesem Kapitel über Elementarisierung steht die Inhaltsfrage im Zentrum: „*Was* will ich den Schülern beibringen?" Im modernen Bildungsumfeld wird oft heiß über die Frage diskutiert, ob nun der Lernstoff oder der Schüler im Mittelpunkt steht, das Produkt oder der Prozess, der Inhalt oder die Form. Ich bin der Meinung, dass dies eine sinnlose Diskussion ist. Guter Unterricht ist auf beides ausgerichtet: Der Lernstoff muss bei den Schülern ankommen und diese müssen sich den Stoff aneignen können. Ohne Schüler gibt es keinen Lernprozess. Aber auch ohne fachliche Inhalte kann nicht von einem Lernprozess die Rede sein. Ohne fachliche Inhalte und ohne Zielsetzung wird der Unterricht zum „Laberfach" ohne „Sinn-Richtung". Den Lernstoff für eine Gruppe von Lernenden zu konkretisieren – sodass er die Inspiration weckt und zum selbstständigen Lernen motiviert –, ist eine Frage der Erschließung und Verflüssigung von Wissen. In der heutigen Zeit ist zu viel Wissen in „imaginären Bibliotheken" verschlossen und bleibt für Schüler unerreichbar. Zu viel Wissen ist erstarrt, versteinert und hat seine Flexibilität verloren. Schüler beißen sich daran ihre Zähne aus. Sie erkennen den Stoff *jetzt* nicht und sehen nicht, was dieser ihnen für *später* „bringen" kann. Schüler sagen in solchen Momenten oft sehr enttäuscht und frustriert: „Was soll ich damit? Was bringt mir das?"

2. Theorie

Der deutsche Bildungswissenschaftler Wolfgang Klafki[1] hat schon in den sechziger Jahren des vorigen Jahrhunderts auf den Sachverhalt hingewiesen, dass Wissen nicht ewig und essentiell „in der Luft hängt" und in der Schule nur „heruntergepflückt" werden muss, sondern nur konkret und existentiell vor Ort zusammen entdeckt und persönlich angeeignet werden kann. Essentialismus steht hier Existentialismus gegenüber: Ewige Wahrheiten gibt es nicht; Wahrheit fragt immer nach einer Konkretisierung in der Widerspenstigkeit des täglichen Lebens. Anders wird sie üblicherweise von Menschen nicht erkannt, geschweige denn erlernt. Klafki war der Meinung, dass bei jedem Lernstoff die Frage gestellt werden muss, was Schüler *nun bereits* darüber wissen, was ihre Vorkenntnisse sind und welche Bedeutung das neue Wissen *für später* hat. Auf dieser Basis muss der Lehrer das Wissen, das er anbieten will, filtern, umordnen, straffen, anpassen, kürzen und ausbreiten. Wissen steht niemals für sich allein, sondern ist immer verbunden mit den konkreten Lernenden und deren konkreten Lebensgeschichten. Darum muss der Lehrer sein Handwerk pädagogisch-didaktischer Maßarbeit gut beherrschen.

In der Religionsdidaktik, wo die Spannung zwischen Lern-stoff und Schüler manchmal sehr groß ist, weil zum Beispiel Kinder heutzutage die biblischen Erzählungen nicht mehr kennen und/oder nicht mehr in der Lebenswelt der Narrativen beheimatet sind, sind die letzten Jahre viele Versuche unternommen worden, eine Brücke zwischen beiden zu schlagen. Die daraus entstandenen Didaktiken sollten hier, auch für andere Fachgebiete, kurz zur Sprache gebracht werden, denn dort herrscht ebenfalls „Unfriede" zwischen dem Lernstoff und der Lebenswelt der Schüler. Wie schafft man es beispielsweise, junge Menschen für historische, literarische, kulturelle und soziale Fragen, die sie im ersten Moment als weit entfernt von ihrer Lebenswelt erfahren, sensibel zu machen? Die Titel dieser niederländisch sprachigen Religionsdidaktiken sprechen für sich: Didaktik der Korrelation oder der „gegenseitigen kritischen Interrelation" (Jef Bulckens), „partizipierendes Lernen" (Chris Hermans), „mitgehen, um zu sehen" (Johan Van der Vloet), Schüler auf „grasige Wiesen" oder in vielfältige, umfangreiche Lernumgebungen (Tjeu van den Berk) einladen, sie aktivieren, sich in Gegenwart von „Kommunikationsformen" gelebten Glaubens in ihre Lebenswelt (Thom Geurts) zu wagen, sie einzuführen in einen „Prozess gegenseitiger Öffnung" (Johan Valstar und Henk Kuindersma). Im Religionsunterricht sind demnach viele Versuche unternommen worden, Brücken zwischen der Lebenswelt von Schülern und dem Lerninhalt zu bauen. Es dürfte deutlich sein, dass die Versuchung groß ist, sich innerhalb dieser Entwicklung nur noch auf das „schöner machen" der Unterrichtsstunde zu konzentrieren, alle Hebel in Bewegung zu setzen, Schüler für den Lernprozess zu gewinnen und dabei den Kern der Sache aus den Augen zu verlieren. Das Finden des Gleichgewichts hierbei ist vor allem eine Frage von Erfahrung, von täglichem Suchen und Tasten, von Finden und Verankern.

Sache und Person

Die Qualität der guten Vorbereitung einer Unterrichtsstunde oder Unterrichtsreihe liegt in der wohlüberlegten Antwort des Lehrers auf diese Art von Situationen. Was der Lehrer als notwendiges Wissen (vorgeschrieben vom Lehrplan und ausgearbeitet im Schulbuch) vermitteln muss, muss er auf den Kern der Sache zurückführen können und diesen Kern dann „handhabbar" machen, gleichsam verflüssigen für die konkreten Schüler in seiner Klasse. Dieser Vorbereitungsprozess wird in der Didaktik „Elementarisierung" genannt. Elementarisierung verweist auf das Elementare, auf das, was fundamental von Bedeutung ist, was zum Kern der Sache gehört und was Schüler wissen müssen – kurzum, was für sie *jetzt und später* der Mühe wert ist. Es spricht für sich, dass eine solche Vision von Unterrichtsvorbereitung etwas völlig anderes bedeutet als sich eine Reihe leicht verdaulicher Impulse auszudenken, damit die Stunde für Kinder schön sein wird.

In Anlehnung an Wolfgang Klafki haben Karl-Ernst Nipkow und Friedrich Schweitzer[2] an der Universität Tübingen in Deutschland das Modell der Elementarisierung für religiöse Lernprozesse entwickelt. Ich erläutere das Modell im Folgenden teilweise aus der Perspektive der niederländischen Religionspädagogen Johan Valstar und Henk Kuindersma[3] und integriere die Elemente in ein eigenes Schema von Unterrichtsvorbereitung und -ausführung.[4] Auch für die genannten Autoren ist das Prinzip der gegenseitigen Erschließung von zentraler Bedeutung: Die Sache (das objektive Wissen, das vermittelt werden muss) und die Person (der Schüler, der als Subjekt Wissen erwirbt) gehören untrennbar zusammen und beeinflussen einander. In der Vorbereitung muss der Lehrer sich *vorab* die Frage stellen, was er vermitteln möchte, wie dies das *aktuelle* Vorwissen der Schüler berührt, was sich *möglicherweise* während des Lernprozesses verändern kann und was die Schüler hiervon für *später* mitnehmen können und sollen. Diese zwei Dimensionen des Lernprozesses, Sache und Person, sind darüber hinaus auch unzertrennlich mit dem tatsächlichen Prozess und Produkt des Lernens verbunden. Zur Verdeutlichung stelle ich diese vier Elemente separiert voneinander in dem nachfolgenden Schema dar.

(a) Elementarisierung von Wissen durch den Lehrer **vor** dem Lernprozess: „Was sollen wir lernen?"		(b) Die Verflüssigung von Wissen durch Lehrer und Schüler **während** des Lernprozesses: „Was lernen wir?"	(c) Aneignung von Wissen durch die Schüler **am Ende** des Lernprozesses: „Was haben wir gelernt?"
Sache: Basisideen und Lernziele gemäß dem Lehrplan	**Person**: Einstiegssituation und Lernziele gemäß dem Klassenprofil	**Prozess**: Differenzierte, methodische Impulse	**Produkt**: strukturierte Erkenntnisse und Evaluation des Produktes und Prozesses
Wissen **für** Schüler festsetzen und zugänglich machen	Vorwissen **von** Schülern wahrnehmen und zugänglich machen	Neues Wissen **mit** Schülern kreativ entwickeln und zugänglich machen	Neues Wissen **von/mit** Schülern nachhaltig festigen, um es anschließend in neuen Situationen wieder zugänglich zu machen
Elementare **Strukturen** Elementare **Wahrheiten**	Elementare **Erfahrungen** Elementare **Zugänge**	Elementare **Arbeitsformen**	

Vor dem Lernprozess (a) stellt der Lehrer sich die Frage, welches Wissen er für Schüler zugänglich machen möchte und über welches Vorwissen die Schüler bereits verfügen. Sache und Person werden in Beziehung zueinander gesetzt: Die Basisideen und Ziele des Lehrplans werden mit der tatsächlich vorhandenen Klassensituation konfrontiert. „Was kann ich unter den gegebenen Umständen mit dieser Klasse erreichen? Wo muss ich die Schüler abholen? Welche Erfahrungen haben sie bereits mit dem Lernstoff gesammelt, wo liegen ihre Interessen mit Blick auf ihr späteres Leben und wozu sind sie fähig angesichts ihres Hintergrundes und ihrer Entwicklungsmöglichkeiten?" Die Ausgangssituation der Schüler oder das Klassenprofil prägt die beabsichtigten Ziele und die zu übermittelnden Inhalte entscheidend mit. Schüler dürfen hierbei nicht überschätzt, aber auch nicht unterschätzt werden. Diese Abwägung ist bei der Vorbereitung des Lernprozesses von großer Bedeutung und fragt folglich nach einem großen Maße persönlicher Einsicht in die Klasse als Ganze und in die einzelnen Schüler sowie nach einem großen Maß an Milde seitens des Lehrers.

Während des Lernprozesses (b) werden Inhalte mit Hilfe von didaktischen und methodischen Impulsen zugänglich gemacht. Dies ist die eigentliche „Wie"-Frage des Unterrichts: „Wie kann ich Schüler motivieren und ihr Interesse für die Thematik wecken? Welche Arbeitsformen tragen zu einer kreativen Erschließung und Entwicklung von neuem Wissen mit und durch die Schüler bei? Welche neuen Erkenntnisse erhoffe ich mir als Lehrer? Was möchte ich mindestens erreichen? Was ist nicht vorherzusehen, was soll ich tun, wenn der Lernprozess eine völlig andere Richtung einschlägt und Schüler etwas ganz anderes lernen wollen und/oder tatsächlich lernen?" Es ist deutlich, dass hier eine Verbindung zwischen Vorbereitung, Ausführung und Nachbereitung des Lernprozesses besteht: Der Lehrer erntet, was er sät, denn der Gesamtzusammenhang der Unterrichtsstunde wird für die Schüler in der Gediegenheit der Vorbereitung sichtbar. Neues Wissen entsteht kreativ und kristallisiert sich zu nachhaltigem Wissen auf der Basis der Anstrengungen, die der Lehrer vorab auf sich genommen hat, um die Inhalte selbst zu verstehen und sie an die Lebenswelt und Interessen der Schüler anzuschließen und anzupassen. Dennoch – und das ist der verwunderliche und nicht-planbare *Moment* jedes Lernprozesses – bleibt die Frage, was die Schüler eigentlich wirklich in der Konfrontation mit dem neuen Wissen gelernt haben, eine offene Frage. Der Lehrer kann das Engagement zum Lernen von Schülern nicht antizipieren. Es bleibt immer ein offener Raum für das Spiel mit der Freiheit. Es kann geschehen, dass der Lehrer alle möglichen Fragen, Einwände und Interpretationsunterschiede vorab bedacht hat und dann während des Prozesses doch feststellen muss, dass Schüler in eine ganz andere Richtung gehen wollen und/oder auch tatsächlich gehen. Die Schüler steuern ihren Lernprozess selbst in eine unvorhersehbare und vorher nicht zu bestimmende Richtung. Der Lehrer muss daher zugleich standhaft und flexibel sein. Er muss bei der *Sache* bleiben und sich gleichzeitig die *Person* des Schülers vor Augen halten. Er muss den *Prozess* begleiten und sich darum bemühen, dass ein solides *Produkt* abgeliefert wird. Dies ist wahrlich keine leichte Aufgabe!

Während der „An-eignung" (c) am Ende des Prozesses darf ein wichtiger Schritt nicht vergessen werden. Oft geschieht es, dass am Ende einer Stunde oder Unterrichtsreihe keine Zeit mehr bleibt, das Gelernte für später festzuhalten und zu verankern. Es klingelt, das Klassenbuch wird ausgefüllt, die Schüler rennen aus der Klasse, der Lehrer macht sich auf den Weg zur nächsten Unterrichtsstunde – und man vergisst, was man gelernt hat. Eine gute Unterrichtsvorbereitung schafft für diesen Vertiefungsmoment zeitliche „Frei-Räume". Im zweiten Kapitel habe ich aufgezeigt, dass solidarisches Lernen gerade darin besteht, dass Schüler mit derselben Aufgabe beschäftigt sein können und doch zu verschiedenen und differenzierten Erkenntnissen gelangen. Es ist wichtig, das neu erworbene Wissen am Ende der

Stunde in strukturierten Ergebnissen zusammenzutragen und festzuhalten: „Was haben wir heute gelernt?" Der Lehrer hat viele Möglichkeiten, sich am Ende seiner Stunde und mit Blick auf die weitere Vertiefung zuhause bei den Hausaufgaben oder auf die Prüfungsvorbereitung von der Aneignung des Lernstoffes der Schüler zu vergewissern. Es sind viele Formen möglich, die Nachhaltigkeit des Gelernten zu evaluieren. Dabei wiederhole ich, was wir im ersten Kapitel von Hilbert Meyer gelernt haben: Prüfungen müssen transparent sein und an den Lehrplan anknüpfen. Sie müssen vorab angekündigt werden, sodass die Schüler wissen, was von ihnen erwartet wird, und sie müssen begleitet werden durch ein schnelles Feedback, damit die Schüler wissen, was sie gelernt haben und was noch weiterer Aufmerksamkeit bedarf.

Der Stamm des didaktischen Baumes

Der didaktische Baum, der bereits im zweiten Kapitel angesprochen wurde, kann sich in viele kleine, aber auch kostbare Lernprozesse von Kindern und Jugendlichen verästeln. Dafür ist es notwendig, dass der Baum, mit Blick auf den Wissenserwerb durch konkrete Schüler, fest im Boden der Fachwissenschaft verwurzelt ist und sich vor allem auf einen soliden Stamm didaktischer Organisation der Wissenschaft und des Wissens verlassen kann. Der Stamm des Baumes erfordert eine besondere Aufmerksamkeit des Lehrers, wenn er die Stunde im Sinne der Elementarisierung vorbereitet. Ohne Stamm gibt es keinen didaktischen Baum. Ohne Stamm besitzt der Lernprozess keine Standhaftigkeit und kann durch den kleinsten Sturm umgestoßen werden. „Ich hatte alles so schön vorbereitet, meine Impulse schienen erfrischend und reizvoll, aber dann kam ein Kind mit einer unerwarteten Frage und mein kompletter geplanter Stundenverlauf brach zusammen. Ich wusste nicht, was ich antworten sollte, ich hatte solch eine Frage, solch eine kritische Ansicht nicht erwartet. Ich verlor die Kontrolle, ein Wind jagte durch die Äste meines Baumes und der Stamm neigte sich beängstigend, aber brach noch nicht. Nächstes Mal wird mir so etwas nicht mehr passieren. Ich muss mehr Lebenssäfte in den Stamm einströmen lassen, sodass er kräftiger wird. Ich muss eine bessere Einsicht erhalten, wie Kinder mit ihren Vorkenntnissen auf mein Lernangebot reagieren, selbstständig am Lernprozess teilnehmen und ihn mit vollziehen. Außerdem darf ich mich nicht im Konzipieren von schönen „Arbeitsblättern" oder schönen Stundeneinstiegen für meinen Baum verlieren, denn die können einfach so umgestoßen werden. Kinder wollen einen kräftigen Stamm, auf den sie ihre Äste pfropfen und an dem sie ihre Blätterpracht entfalten können."

Fünf Schritte der Elementarisierung

In dem obigen Schema kann man in der letzten Zeile die fünf Schritte der Elementarisierung der Unterrichtsstunde wiederfinden und prüfen, welche Rolle sie in der Vorbereitung einer Stunde spielen. Ich erläutere sie hier kurz. Zuerst muss die *elementare Struktur* der Unterrichtsstunde bedacht werden: „Welche fachinhaltliche Sachkenntnis benötige ich zur Durchführung dieser Stunde, welche *Basis*-Konzeptionen, Texte, Bilder und/oder Praktiken dieses Faches muss ich selbst als Lehrer vollständig beherrschen, bevor ich sie vermitteln kann? Was ist hierbei Haupt- und was Nebensache? Wie sieht die Struktur von diesem Gedicht, von diesem mathematischen Problem oder von diesem sozioökonomischen Sachverhalt aus? Was ist der Kern dieser Geschichte, die ich Kindern erzählen möchte, wie ist sie strukturiert und wie wird die Botschaft der Geschichte durch die Struktur verdeutlicht?"

Oft gerät die Unterrichtsvorbereitung bereits in dieser sachlichen Analyse ins Stocken. Lehrer vermitteln dann leidenschaftslos und uneingeschränkt das Fachwissen, welches sie an der Hochschule oder Universität gelernt haben. Darum ist ein zweiter inhaltlicher Moment von besonderer Wichtigkeit: Die *elementare Wahrheit* oder, nach Kuindersma und Valstar, die elementare Lebensbedeutung: „Welche Wahrheit oder Bedeutung steckt in diesem Gedicht, in dieser Aufgabe oder in diesem Problem? Was ist der zugrundeliegende Gedankengang oder Sinn hiervon? Was können Schüler beim Lesen des Gedichtes, beim Lösen der Aufgabe oder bei der Argumentation des Problems möglicherweise an neuer – angeeigneter – Bedeutung finden? Welche Lösungsansätze oder welche feinsinnigen, eigenen Fragen und Interpretationen können Schüler vorschlagen, wenn der Lehrer ihnen die Struktur und Bedeutung des Gedichtes, der Aufgabe oder des Problems anvertraut? Wie stimuliert der ursprüngliche Kontext des Gedichtes, der Aufgabe oder des Problems den Transfer in einen neuen Kontext? Wie werden Schüler in neuen Umgebungen mit Sprache, Rechnen oder Hauswirtschaft konfrontiert?" Es spricht für sich, dass in Fächern wie Literatur, Geschichte, Sozialwissenschaften, Musik, Religion und Ethik mehr unterschiedliche und mehr gegensätzliche Bedeutungen gefunden werden können als in Mathematik oder Grammatik. Dennoch können auch in solchen Fächern Interpretationsunterschiede für Lern-Spannung sorgen.

Struktur und Bedeutung von Lerninhalten sind in Lehrplänen und Schulbüchern zu finden. Als Lehrer muss man nicht alles selbst erarbeiten, da es glücklicherweise Handreichungen und Kompendien gibt, die die notwendige Sachkenntnis zusammenfassen und die Vorbereitung der Stunde unterstützen. Aber damit ist es noch nicht getan, denn wie wird der Lehrplan oder das Schulbuch in einer tatsächlichen Lernsituation zum Leben erweckt? Was weiß der Lehrer über das Profil der Klasse und die einzelnen Schüler, die sich als Personen mit einer eigenen Lebensgeschichte und Entwicklung auf die Sache einlassen sollen? Kann der Lehrer sich eine Vorstellung davon machen, wie die Klasse als Ganzes und deren einzelne Mitglieder auf das Angebot reagieren werden – unterstützend, kritisch oder weiterdenkend? Hier kommt die persönliche Seite der Unterrichtsvorbereitung zum Tragen. Zwei Aspekte, die elementaren Erfahrungen und Zugänge der Schüler, erfordern vorherige Überlegungen. Mit *elementaren Erfahrungen* meinen die Erfinder des Elementarisierungsmodells den eigenen Verstehenshorizont und die eigene Lebenswelt von Kindern und Jugendlichen. Wenn beispielsweise ein Gedicht über den Tod im Unterricht behandelt wird, stellt sich die Frage, welche eigenen Erfahrungen die Kinder bisher mit dem Tod und mit der Sprache gemacht haben, um eine derartige Erfahrung in Worte zu fassen. Über ihr Vorwissen muss der Lehrer sich einen Überblick verschaffen und dieses muss mit dem sachlichen Inhalt, den er sich vorgenommen hat, verknüpft werden. Der Lehrer kann sich auf eventuell unterschiedliche Interpretationen vorbereiten, aber nicht alles ist, wie bereits erwähnt, vorhersehbar. Kinder können aufgrund eigener Erfahrungen unterschiedlich auf das Angebot reagieren. Und auch Erfahrungen können divergieren: Es gibt Kontrasterfahrungen („das akzeptiere ich nicht länger"), Sinnerfahrungen („jetzt geht mir ein Licht auf") und Motivationserfahrungen („ich fühle mich angesprochen").[5]

Andere wichtige Elemente in der vorbereitenden Analyse der Ausgangssituation sind die *elementaren Zugänge*, über die Kinder verfügen, um sich auf die Materie einzulassen. Kinder können sehr verschieden bezüglich der soziokulturellen Herkunft oder

Persönlichkeitsentwicklung sein. Sie gehen unterschiedlich mit einem Gedicht, einer Aufgabe oder einem Problem um. Dennoch gibt es auch Entwicklungslinien, die fast für alle Kinder zutreffen. Über ihre motorische, kognitive, emotionale, moralische und religiöse Entwicklung zum Beispiel hat sich die Entwicklungspsychologie eine gute Übersicht verschafft. Es gibt interessante Interpretationsschemata, den Lebenslauf von Kindern und ihren Umgang mit Wissen zu analysieren. Die große Gefahr solcher Schemata besteht darin, dass sie ein stereotypes Entwicklungsmuster fixieren und dieses Muster durch die *self-fulfilling prophecy* des Lehrers („Es soll wohl so sein, nicht wahr?") wiederholen und beibehalten. Das Ziel einer guten Analyse der elementaren Zugänge von Kindern zum Lernstoff besteht darin, zu wissen, wo die Kinder stehen – was hier und jetzt für sie relevant ist und ihren Horizont nicht überschreitet –, um sie dann zu lehren, einen neuen Schritt auf dem Weg ihrer Entwicklung zu gehen. Erst am Ende der Vorbereitungsphase kommen *elementare Arbeitsformen* oder Lernwege zur Sprache. Der Lehrer konzentriert sich dann in der Vorbereitung auf die Frage, wie der Lernstoff (Sache) an den Mann (Person) gebracht werden kann und welche methodischen Impulse er differenziert einsetzen muss, damit jedes Kind selbstständig und solidarisch lernen kann.[6]

3. Inspiration

Elementarisierung fragt nach Konzentration in der doppelten Bedeutung des Wortes: als Aufmerksamkeit und Fokus auf das Wesentliche. Wer seine Unterrichtsstunde elementarisierend vorbereitet, darf sich nicht ablenken lassen, sondern muss mit dauernder Aufmerksamkeit Sache und Person fortwährend aufeinander beziehen und darauf achten, dass die Schüler folgen können und nicht überfordert werden. Andererseits sollte der Lehrer auch darauf achten, die Schüler nicht zu unterfordern. Konzentration als Fokus auf das Wesentliche beinhaltet, dass der Lehrer sich immer wieder aufs Neue die Frage stellen muss, wie das dargebotene Wissen das *Jetzt und Später* der Schüler nachhaltig beeinflusst: „Was benötigen sie, um weiterzukommen?" Unterrichtsvorbereitung ist ein stetiger Prozess von Rechenschaft ablegen über die didaktischen Entscheidungen, die man in Bezug auf Sache und Person getroffen hat. Ein derart hoher Grad an Konzentration ist durchaus anspruchsvoll.

Der Lehrer als Fachidiot

Das Schlimmste, was Schülern passieren kann, ist ein Lehrer-Fachidiot, jemand, der so sehr auf das eigene Terrain fokussiert ist, dass er nicht zulassen kann oder will, dass Andere sich ebenfalls darauf begeben. Hier kann von Lernen nicht die Rede sein. Hier wird kein Wissen geteilt oder zugänglich gemacht, sondern verschlossen. Ich habe es mehrmals miterlebt, dass ein Vortrag an der Universität angeblich nur gut sein kann, wenn niemand ein Wort davon verstanden hat.

Oder andererseits, dass man einen Professor oder Lehrer argwöhnisch betrachtet, wenn er keinen Fachjargon verwendet und doch Fachwissen vermittelt! Einige Menschen sind so eitel in dem zur Schau Stellen von Wissen, dass sie sich im *window dressing* verlieren und Schüler zu untertänigen Zuschauern machen, die gezwungen sind, das vielfältige und umfangreiche Wissen im „Schaufenster der Unterrichtsstunde" zu bestaunen. Wahrhaft große Professoren und Lehrer verfügen über viel Fachwissen, aber auch über viel Geduld, die Studenten und Schüler langsam in ihr Wissensgebiet einzuweihen. Sie lassen Schüler nicht nur das Schaufenster betrachten, sondern laden sie ein, hereinzukommen in den Laden, an den Ort, wo Wissen tatsächlich zusammengetragen, erschlossen und organisiert wird, in das Labor, in dem der Lehrer sich selbst mit der Materie auseinandersetzt und mit ihr ringt. Eine gute Unterrichtsstunde bietet demnach auch einen Einblick in den Kampf und die Auseinandersetzung des Lehrers mit der Vorbereitung.

Wenn man sich vorstellt, dass ich mir als Lehrer aufrichtig vorgenommen habe, Kinder an meinem Wissen teilhaben zu lassen, dann bleibt die Frage, was in dem gesamten Paket elementar ist und was ich ihnen unter keinen Umständen vorenthalten möchte. Es geht in diesem Prozess daher auch immer wesentlich um den Lehrer, sein Wissen und seine Erfahrungen. Der Lehrer trifft didaktische Entscheidungen, aber er trifft ohne Zweifel auch inhaltliche Entscheidungen. Wir kennen alle das Phänomen vom Steckenpferd eines Lehrers, worauf Schüler reagieren im Sinne von: „Oh, da kommt der schon wieder ...“ oder auch: „Da kommt er wieder mit seinem Steckenpferd, das hört er gerne in der Prüfung ...“ Der Lehrer muss sich über eigene Präferenzen bei der Organisation des Lernstoffes bewusst sein. Er hat eine Verantwortung bezüglich der Person des Schülers, aber ebenfalls bezüglich des gesamten Wissens und des elementaren Kerns der Sache. Man kann natürlich nicht alles wissen und das wird auch nicht verlangt. Der Lehrer muss nicht der intelligenteste Mensch der Welt sein, aber man muss sich als Lehrer seiner Vorbildfunktion bewusst sein: Die Wissensübermittlung muss authentisch sein, man muss Respekt haben vor dem, was Andere gefunden und an Wissen erschlossen haben, man muss Kenntnis haben und Zeugnis ablegen von den Ketten des Wissens, in denen man nur ein kleines Glied ist, man muss bereit sein, den eigenen Laden zu öffnen und man darf, wenn es nicht anders geht, auch ebenso zugeben, etwas einfach nicht zu wissen ...

Der Lehrer als Jazz-Performer

Ich möchte hier für die Entwicklung eines persönlichen Lehrer-stils plädieren, in dem Konzentration auf und Respekt für das Elementare mit didaktischer Flexibilität verbunden werden. Ähnlich wie die elementare Struktur je nach den vorhandenen elementaren Erfahrungen und Zugängen der Kinder im Klassenverband in viele elementare „Wahrheiten" bzw. Bedeutungen münden kann, so sollte auch im Kopf und im Handeln des Lehrers Raum für Flexibilität und Improvisation für, während und nach dem Lernprozess sein. Man kann es mit dem Spielen von Jazz vergleichen. Improvisation geschieht nie einfach so in dem Moment selbst, aus der Luft gepflückt während eines Konzertes, auf einem Podium oder im Studio. Es ist ein langer Prozess der Aneignung, nicht nur von Technik, sondern auch von Improvisationsmustern vorangegangen. Ein Jazzmusiker kennt diese elementaren Muster (oder elementaren Strukturen!), die Rahmenbedingungen, auf denen eine Melodie gegründet ist. Er soll jene freilich kreativ verwenden und flexibel mit eigenen Interpretationen umgehen können. Dies geschieht allerdings stets in Relation mit und im Anschluss an das Vorgegebene. Kreativität fragt nach Tradition als Grundvoraussetzung. Tradition wiederum fragt nach Neuformulierung als Existenzvoraussetzung. Ohne Tradition kann keine neue Kreation geboren werden. Ohne Kreation stirbt Tradition aus.

Der Jazzmusiker verhandelt gleichsam mit der Tradition über die Frage, wieweit er mit seiner Interpretation gehen darf. Er kennt die Grundzüge und Handlungsmuster, die ihn dazu befähigen, in seinem Spiel kleinere oder größere Ausflüge zu etwas Neuem zu unternehmen. Es spricht für sich, dass jeder Lehrer selbst erfahren muss, womit er sich am besten fühlt: in der Nähe der Grundmelodie oder weiter weg von ihr, die Grenzen der Melodie abtastend? Elementare Methoden oder Strukturen bieten Anhaltspunkte zum Umgang mit der Tradition. Sie geben Sicherheit im doppelten Sinne des Wortes: Sie sorgen für die Verbindung mit dem Vorgegebenen und sie eröffnen freien Spielraum. Sie sichern das Seil von demjenigen, der sich an der Bergflanke abseilt: Sie halten es fest, um es mit den Worten aus dem ersten Kapitel auszudrücken.[7]

Grenzüberschreitendes Lernen

Meiner Meinung nach ist eine der großen Fragen von modernem Unterricht, herauszufinden, wie Schüler herausgefordert werden können, um – auf Anregung des Lehrers hin – über den Tellerrand hinaus zu schauen und grenzüberschreitend zu lernen sowie die Grenzen von einem Fachgebiet, einem *language game* (Ludwig Wittgenstein), abzutasten und zu ergründen, wie ein benachbartes „Sprachspiel" neues Licht auf das Vorgegebene werfen kann. Viele Fragen kann man eins zu eins beantworten. Viele Fragen bleiben aber auch offen, da, aus den Perspektiven der verschiedenen Fachgebiete gesehen, mehr als eine Antwort möglich ist. Ein Beispiel verdeutlicht dies. Die Entstehung des Menschen muss notwendigerweise mit der Evolutionslehre erklärt werden, darüber sind sich alle Wissenschaftler einig! Aber ist damit alles über die Bestimmung des Menschen gesagt? Die lange Tradition der Philosophie und Theologie in allen Kulturen der Menschheit zeigt auf, dass der Mensch mehr ist als seine faktische Erscheinung. Liebe zwischen Menschen beispielsweise ist mehr als ein biologischer Prozess; sie beinhaltet auch soziale, kulturelle, moralische und weltanschauliche Komponenten. Das Bild von der Schöpfung des Menschen durch Gott, gemalt von Michelangelo in der Sixtinischen Kapelle des Vatikans, ist keine biologisch-wissenschaftliche Abbildung, sondern ein Glaubensbekenntnis, das in sich eine eigene Logik und elementare Wahrheit verbirgt und zum Nachdenken anregt. Heutzutage fragt es nach kritischen jungen Menschen: Wie viel wissen wir eigentlich über den Menschen und seinen Platz im Kosmos? Es hält Raum offen für das, was noch nicht bekannt ist.

Das Lernen, einerseits präzise elementare Strukturen und Methoden zu analysieren und andererseits das kreative Verbinden solcher Strukturen oder Methoden mit anderen Interpretationsschemata, eröffnet den Raum für neue elementare Bedeutungen – kurzum für das Lernen selbst. Schulen tragen mit ihren aufgeteilten Unterrichtsfächern zur Fragmentierung von Wissen bei. So passiert es, dass Kinder sich in einer Prüfung über Ökonomie nicht trauen, mit Wissenselementen zu antworten, die sie im Fach Deutsch gelernt haben, oder in Religion nicht wagen, mit Elementen aus der Biologie zu spielen, und aus Angst, dass es falsch ist, so zu denken. Es ist notwendig, mehr fachübergreifenden und projektorientierten Unterricht anzubieten sowie die Begegnung mit verschiedenen Arten von Denkprozessen zu ermöglichen, damit junge Menschen lernen können, Lebens- und Gedankenwelten zu koordinieren, und die Freiheit bewahren, in diesem „Spiel" zu authentischen Menschen heranzuwachsen.

4. Herausforderung

Wie kann ich das alles im Gleichgewicht halten, denkt die junge Lehrkraft. Wie viel Energie bleibt übrig, um jedes Mal wieder die Lebenswelt von Kindern und Jugendlichen und die Gedankenwelt hinter dem Stoff miteinander ins Gespräch zu bringen, denkt die ältere Lehrkraft. Wo liegt die Grenze von Flexibilität? Wo wird Beweglichkeit zur Brüchigkeit? Wo ist das Ende? Ich würde sagen: „Probier es aus. Sorge dafür, dass Du einen klaren Verlaufsplan für Deine Unterrichtsstunden ausgearbeitet hast, dass Du Deine Klasse kennst und weißt, wie Du ihr Freiraum schaffen kannst, dass Du weißt, was Du als elementar wertvoll übermitteln möchtest, dass Du Freude findest an Arbeitsformen, die auch Schülern Freude bereiten, und dass Du Raum schaffst für Neues. Was tatsächlich gelernt wird und was Schüler mit nach Hause nehmen, liegt nicht in Deiner Macht. Es entgleitet Dir, es ist größer als die Schemata – wie elementar sie auch sind – die Du vorbereitet und didaktisch transformiert hast. Manchmal bereitest Du überhaupt nichts vor, weil Du müde warst oder keine Lust hattest und dann klappt es besonders gut. Manchmal bist Du wochenlang intensiv mit einer neuen Bearbeitung des Stoffes beschäftigt und die Schüler zeigen Dir, dass sie nicht daran interessiert sind."

Der Wachstumsprozess des Lern-Baums hängt nicht allein vom Lehrer ab, sondern von vielen anderen Faktoren, die nicht zu planen sind und nicht in seiner Macht liegen. Der Lehrer ist aber notwendig, um den Baum zu bewässern, um den Boden rund um den Baum umzugraben und mit fruchtbarem Humus anzureichern, um tote Äste abzuschneiden und verwelkte Blätter wegzufegen. Ich glaube es selbst nicht so recht, aber es soll Menschen geben, die behaupten, dass Pflanzen und Bäume besser wachsen, wenn man mit ihnen spricht. Vielleicht stimmt das hier in diesem Fall auch. Zumindest ist es ein schönes Beispiel dafür, wie ein ironisches Sprachspiel auch mir hilft, das Spiel der Didaktik – das Wachsen des Baumes – selbst besser zu verstehen.

Kapitel 4

Kommunikation

„Lass sie nicht fallen", schreibt der flämische Jugendpsychiater Peter Adriaenssens in seinem Buch „Laat ze niet schieten", wenn er von der Erziehung Heranwachsender in diesen verwirrenden Zeiten spricht.[1] Gewalttätiges Verhalten junger Menschen gegenüber Anderen und sich selbst kommt zum Vorschein, wenn sie ihrem Schicksal überlassen werden, wenn Erwachsene nicht bereit sind, sie auf ihre wachsende Verantwortung anzusprechen. Laut Adriaenssens „drückt der Schuh" genau an dieser Stelle. Viele Erwachsene trauen sich nicht mehr, ihre eigene Meinung gegenüber ihren Kindern zu vertreten. Sie bilden kein widerspenstiges, weltanschauliches *Gegenüber* und bieten keine Orientierung oder Alternative. Schlimmer noch, sie tun genau das Gegenteil von dem, was von ihnen erwartet wird. Sie reden Jugendlichen nach dem Mund und probieren, ihnen in ihrem schnelllebigen Lebensstil nachzueifern. „So schnell die Jüngeren auch laufen, die Erwachsenen holen sie doch ein", so umschrieb der niederländische Jugendforscher Joep de Hart vor einigen Jahren das Phänomen der sogenannten „Retro-Sozialisation". Erwachsene reden Kindern und Jugendlichen nach dem Mund. Der pädagogische Dialog steht still.

1. Praxis

Aufwachsen-in-Verantwortung setzt Worte und Widerworte voraus. Junge Menschen haben das Recht auf Erwachsene, die sie ansprechen und die für sie ansprechbar sind. Sie haben das

Recht auf Interaktionsmöglichkeiten mit Erwachsenen und mit Gleichaltrigen, um mit-, von- und aneinander zu lernen. Das Negative „Lass sie nicht fallen" möchte ich daher positiv formulieren: „Lass sie reden". Zuweilen ist es unglaublich interessant, zu sehen, wie junge Menschen es genießen, Freiraum zu erhalten, sich über ihre Gedanken auszutauschen. Vor einiger Zeit war im flämischen Fernsehen die Reportage *Die Schule von Lukaku* über den ehemaligen Starfußballer Romelu Lukaku von RSC Anderlecht zu sehen, der einerseits als eine Identifikationsfigur für Jugendliche angesehen wird, andererseits, wenn es um die Schule geht, aber auch ein gewöhnlicher Junge zu sein scheint und genau deshalb eine noch bessere Vorbildfunktion widerspiegelt.

In diesem Film habe ich drei elementare Bedeutungen von „Lass sie reden" wiedergefunden:

Zuerst wurde die Intention vermittelt: Gebt den Jugendlichen Gesprächsstoff, der ihre Lebenswelt berührt (Themen wie Liebe und Sexualität, Eltern und Erziehung, Freude und Gewalt, Kultur und Religion, usw.) und sie sind nicht mehr zu bremsen. Sie genießen diesen Freiraum und lernen dort spontan, ihren eigenen Standpunkt zu formulieren und den anderer zu berücksichtigen. Reden setzt Hören voraus und dies bedarf der Übung, damit auch das Reden sinnvoll sein kann. Lehrkräfte helfen, diesen Prozess in die richtigen Bahnen zu lenken.

Als zweites klang in dieser Serie der Aspekt der Solidarität durch: Diese Jugendlichen sind Mitmenschen voneinander. Trotz oder dank der Sprachunterschiede (neben Niederländisch und Französisch wird ein buntes Sammelsurium von Sprachen – von Arabisch bis zum Brüsseler Dialekt – gesprochen) setzen sich diese Jugendlichen mit ihrer jeweiligen Ansicht auseinander. Sie haben sich etwas zu sagen. Sprachliche, kulturelle und religiöse Spannungen werden nicht verharmlost und außer Acht gelassen, sondern kommen öffentlich zur Sprache. Die Unterschiede werden thematisiert, die Stereotypen befragt, aber vor allem spricht man miteinander und nicht über abstrakte Kulturen und Religionen, sondern mit konkreten Mitmenschen, die zufällig auch Christen, Muslime oder Agnostiker sind. Es ist normal, dass Menschen verschieden sind, warum sollte man sich dann abseits aufhalten? Gerade die Unterschiedlichkeit entfacht den Dialog mit- und untereinander. Niemand bleibt gleichgültig und unbeachtet. Die Leidenschaft dieser Jugendlichen treibt einigen Erwachsenen die Schamröte ins Gesicht. Denn wie oft müssen Jugendliche heutzutage ertragen, dass wichtige Dinge im Leben verschwiegen und ignoriert werden.

Das bringt mich zu der dritten Bedeutung: Wenn wir als Gesellschaft keine klare Vorstellung davon haben, wie wir sozial, kulturell, politisch und religiös mit *Differenzen* umgehen können, dann befürchte ich, dass viele junge Menschen (und nicht nur sie) sich zynisch aus der Interaktion zurückziehen werden: „Ach, lass sie doch reden." Dieses Gespräch über die Zukunftsvision des Zusammenlebens in der Gesellschaft, darüber, woran wir uns letztlich halten und woran wir unsere Kinder teilhaben lassen wollen, ist dringend geboten. „Ohne prophetische Offenbarung verwildert das Volk" (Spr 29,18a, so Dorothee Sölle). Vielleicht sind die jungen Menschen uns in dieser Vision wirklich einen Schritt voraus und wir, die Erwachsenen, sind uns dessen nicht bewusst. Ich höre die jungen Menschen schon sagen: „Lass sie mal reden, die Erwachsenen. Wir wissen es wohl besser."

Natürlich kann es sein, dass ein Lehrer das „Gerede" der Schüler nicht mehr hören kann oder will. Es kann stören, wenn neuer Lernstoff vermittelt werden muss und Konzentration erforderlich ist. Es kann ihm schwer fallen, wieder ein Gespräch mit Schülern führen und ihre ungeordneten Gedanken ertragen zu müssen. Dennoch ist Kommunikation als Interaktionsmöglichkeit für Kinder und Jugendliche in der Schule von pädagogischer Lebensnotwendigkeit. Wie viele Kinder verlieren sich nicht in leeren, vergeblichen und sinnlosen Gesprächen Zuhause und mit Freunden im Chat? Oder schlimmer noch, wie viele Kinder gibt es, die nie nach ihrer eigenen Meinung gefragt werden und in einer unerträglichen Stille leben? Die Schule ist der Ort für ein strukturiertes Gespräch, für das Lernen, Worte zu formulieren und zu verantworten, für das Einüben von Umgangsformen und klarem Sprachgebrauch. Hier spielt *face to face* noch eine Rolle, das Verlangsamen schneller, zusammenhangloser und abgehackter anonymer Kommunikation hin zu einem soliden Gespräch auf Augenhöhe, als Mitmenschen. Wie viele Jugendliche sehnen sich heutzutage nicht danach? Auch rein didaktisch gesehen bleibt der Dialog in der Schule „Lernmöglichkeit Nummer eins". Die Fülle an Informationen, die auf junge Menschen zukommt, muss immer gefiltert und strukturiert, elementarisiert und auf das Wesentliche reduziert werden. Dafür ist das Gespräch, verstanden als eine fundierte Vergewisserung von Inhalten, notwendig. Der Dialog zwischen Lehrern und Schülern ist erforderlich, um zu überprüfen, was in dem Angebot gut ist und was eventuell verbessert werden muss.

2. Theorie

Publikationen über die Praxis von Kommunikation in der Schule gibt es „wie Sand am Meer". Ich will mich hier auf den didaktischen Wert eines guten Unterrichtsgesprächs konzentrieren. Der Lehrer, der seine Vorbereitungsarbeit ernst genommen und sich auf den kostbaren Kern der Sache konzentriert hat, hat zweifellos Fragen für das Unterrichtsgespräch vorbereitet oder sich Arbeitsformen überlegt, die einen Impuls zum Nachdenken geben. Wissen muss verflüssigt werden und zur Inspiration anregen. Der Dialog von Kindern untereinander und mit dem Lehrer, mit dem Lernstoff und mit sich selbst muss in Gang gesetzt werden.

Eine leicht angepasste Form der Kommunikation im Sinne einer Einbahnstraße, bei der ein Lehrer Wissen vermittelt und die Schüler bei der Vermittlung nur ein „bisschen" mitkommunizieren lässt, ist heutzutage nicht mehr zu rechtfertigen. Kinder wachsen in komplexen Lebenswelten auf und müssen versuchen, in einer Vielfalt von Sinn-gebenden und Wissen-stiftenden Impulsen Klarheit zu erlangen. Das Gespräch oder der Dialog in der Klasse ist mehr als ein kosmetischer Eingriff innerhalb des Lernprozesses. Kommunikation ist mehr als ein Modewort, ein Trick, den durchtriebene Lehrkräfte geschickt einzusetzen wissen, um am Ende sich selbst und ihre Schüler von der Tatsache zu überzeugen, dass sie sich auf dem richtigen Weg befinden. Der Dialog muss von Beginn an eine Grundeinstellung sein: Lernen geschieht vernünftig, in einem Kontext unstrukturierter Diversität, die zu einer solidarischen Einheit-in-Differenz umgewandelt werden muss.

Interreligiöses Lernen als Beispiel

In der Religionsdidaktik ist in den letzten Jahren viel über das sogenannte „interreligiöse Lernen", das Lernen in einem Kontext von Diversität und anhand von Dialogen, diskutiert und nachgedacht worden. Junge Menschen kommen aus verschiedenen kulturellen und religiösen Hintergründen und lernen in der Schule das Zusammenleben in und mit Vielfalt, ohne ihre Einzigartigkeit zu verleugnen. Ich habe in dieser Diskussion die Position verteidigt, dass das Lernen von Informationen über das

(Unterrichts-)Thema und das Lernen, mit Anderen über dieses Thema zu kommunizieren, notwendigerweise zu einer erneuten Begegnung mit sich selbst als Mensch führt. Durch den Lernprozess bekommen Kinder die Chance, ihre eigene religiöse *Herkunft* aufs Neue zu benennen und diese für sich selbst als neue *Zukunft* schätzen zu lernen, da viele Kinder ihre kulturellen und religiösen Wurzeln nicht mehr kennen. Sie werden nicht mehr in einen bestimmten Lebensstil eingeführt, sondern schon schnell in eine große Menge von vielen unterschiedlichen Wert- und Weltvorstellungen geworfen. Ein guter Lernprozess kann ihnen bei der Entdeckung helfen, woher sie kommen, was sie von Anderen unterscheidet sowie mit Anderen verbindet und was dies für ihre Identität als Mensch in der Zukunft bedeutet. In diesem Sinne besteht ein guter interreligiöser Lernprozess *zwischen Sache und Person* aus den Schritten Information, Kommunikation und Konfrontation. Kinder lernen die Sache sowie den Standpunkt anderer Mitmenschen kennen und bestimmen so ihre eigene Position.

Durch die *Repräsentation* von Meinungen zu einem bestimmten Thema und durch die konkrete *Präsentation* durch Lehrer und Mitschüler werden junge Menschen aufgerufen, *präsent* zu sein, das bedeutet: Mit ihrem Geist gegenwärtig anwesend zu sein, um auch selbst einen Standpunkt einzunehmen und diesen zu vertreten. Der Lehrer vermittelt als Experte Wissen, er moderiert das Unterrichtsgespräch und ist selbst ein Zeuge seines authentischen Lebensstils. Ein Schema, worin eben dieses Unterrichtsthema untergebracht werden kann, sieht wie folgt aus[2]:

Lernen über ein Thema (learning ‚about‘)	Lernen von einem Thema durch den Dialog (learning ‚from‘)	Lernen aus einem Thema heraus (learning ‚in / through‘)
Verschiedene Sichtweisen kennenlernen	Die Meinung des Anderen anerkennen	Die eigene Herkunft erkennen und als Zukunft neu bewerten
Sachkompetenz	Soziale Kompetenz	Persönliche Kompetenz
Repräsentation	Präsentation	Präsenz
Information durch Dokumentation	Interpretation durch Kommunikation	Konfrontation durch Begegnung
Der Lehrer als Experte	Der Lehrer als Moderator	Der Lehrer als Zeuge

Traditionell wird die mittlere Spalte als eigentlicher Kommunikationsmoment des interreligiösen Lernprozesses in der Klasse gesehen. Junge Menschen lernen, sich füreinander zu öffnen. Der Lehrer ermutigt sie dazu und moderiert das Gespräch, sodass das Thema durch den Dialog bereichert und vertieft werden kann. Der Dialog wird durch den Lehrer funktional eingesetzt, um Schüler für das Thema zu sensibilisieren, um ihnen soziale Kompetenzen zu vermitteln und sie zu ermutigen, selbst einen eigenen Standpunkt einzunehmen.

Mehr Mensch werden durch den Dialog

Ich bin der Meinung, dass der gesamte Prozess – die drei Spalten – Träger der dialogischen oder kommunikativen Dynamik ist.[3] In der Spannung zwischen Wissen und Erkenntnis, zwischen Sache und Person, zwischen der elementaren Struktur des Stoffes und der Aneignung auf persönlicher Ebene spielt Kommunikation eine entscheidende Rolle und ist daher allzeit gegenwärtig.

Welche Information geteilt wird, für wen diese gedacht ist und wie Information gefiltert wird und zugänglich ist, unterliegt immer dem konkreten Kontext der Schule, der Klasse, der Schüler und ihren Lehrern.

Als Experte (in der ersten Spalte) verhandelt der Lehrer (explizit oder stillschweigend) mit den Schülern, auf welche Information die Klasse eingeht und auf welche nicht. Zum Beispiel kann bei der Besprechung eines historischen Themas eine bestimmte „heikle" Information nicht genannt werden oder bestimmte moralische Standpunkte nicht zur Sprache gebracht werden, weil sie nicht in den weltanschaulichen Rahmen der Schule passen. Es kann auch sein, dass beispielsweise innerhalb des Themenfeldes der Familie ein traditionelles Familienbild vorgestellt wird, sodass Kinder aus komplexen Familiensituationen sich nicht in diesem Angebot wiederfinden und sich nicht mit diesem identifizieren können. Oder die Sprache, die Kultur oder Religion von Kindern werden nicht erkannt. Die Kommunikation wird dann bewusst oder unbewusst in eine bestimmte Richtung gelenkt und nicht alle scheinen auf die gleiche Weise an dem Lernprozess teilnehmen zu können.

Auch in der dritten Spalte wird ausdrücklich von Kommunikation gesprochen: Der Schüler lässt sich auf das Gespräch mit sich selbst als Mensch ein. Er wechselt vom Status des Schülers zum Status des Menschen. Sachliches Wissen (erste Spalte), in Zusammenhang oder Spannung mit dem Gespräch von Schülern über das Wissen (zweite Spalte) kann eine Lernstimulation sein, um sich selbst Gedanken darüber zu machen und zu erkunden, was das Gelernte mit dem Gelebten zu tun hat und ob und wie die Sache in der eigenen Lebenswelt oder der eigenen Person verankert ist. Ich bin überzeugt von dieser Möglichkeit. Der Lernende lässt sich auf das Gespräch über die Tradition, in welche er eingeweiht worden ist, mit dem Lehrer und mit seinen Mitschülern ein – und lernt, sich selbstständig und kritisch ein

Urteil zu bilden, das eine Verbindung mit der eigenen *Herkunft* sucht und schwungvolle Antriebskraft für die eigene *Zukunft* bietet. „Damit kann ich etwas anfangen", hört man den Schüler dann erleichtert seufzen. Oder mit Klafki ausgedrückt: Der Stoff bleibt nicht fremd, sondern wird angeeignet, er aktiviert als befremdende Materie in einem komplexen Gewirr von Bedeutungen den Suchprozess nach der Antwort auf die Frage: „Wer bin ich?" Der Lernstoff entfremdet mich nicht von mir selbst, sondern bringt mich gerade in seiner Fremdheit noch näher zu mir selbst. Ich werde mehr und mehr Mensch. Das war das Motto der traditionellen allgemeinen Bildung der weiterführenden Schule vor etwa vierzig Jahren in Flandern. Man lernte dort „Humaniora", Dinge, durch die man mehr Mensch wird.

Dieses kraftvolle Spiel der Kommunikation durch den Stoff hindurch (erste Spalte), der intentionale oder funktionale Dialog (zweite Spalte) und der „Aneignungsprozess" in der Person (dritte Spalte) – oder mit anderen Worten, das dreifache „Sprechen" mit der Tradition, mit Mitschülern und mit sich selbst – geschieht mit oder ohne intentionales Einmischen des Lehrers. Natürlich müssen inspirierende Fragen beim Lernprozess vorbereitet werden, aber zuweilen sind die ernüchternden Fragen der Schüler, die nicht vorhersehbar waren, noch viel spannender. Natürlich hofft der Lehrer, dass der Schüler sich den Stoff aneignet, aber was der Schüler als Mensch letztendlich mit nach Hause nimmt, kann viel reicher sein als das, was der Lehrer in seinem Lehrarrangement vorgesehen hat. Natürlich sind die Schulbücher heute sehr anspruchsvoll und als Lehrer darf man darauf vertrauen, dass das Wissen darin korrekt und vollständig ist, aber Wissenschaft wächst und durch „Elementarisierung" findet auch immer wieder Selektion in dem Stamm des didaktischen Baumes statt (siehe oben S. 57–58). In dem spannenden Zusammenspiel von Sache und Person besteht somit viel Kommunikation.

Der Lehrer muss sich dessen bewusst sein und realisieren, dass er einen Machtfaktor in diesem Spiel darstellt. Er kann Entscheidungen über die Aufteilung und Anordnung des Stoffes treffen, die nicht gesehen werden, über Arbeitsformen, die auf den ersten Blick versuchen mit freundlicher Kommunikation eine spröde Materie aufzudrängen sowie über den Raum für Schüler, sich selbstständig ein Urteil zu bilden. Schüler von heute widersetzen sich, wenn sie merken, dass in einem sogenannten partizipativen Lernprozess kein Raum für eine ehrliche Teilnahme an Inhalt und Form vorhanden ist. Durch ihren offenen Protest oder ihre mental-abwesende „Teilnahme" am Unterrichtsgeschehen kommunizieren sie ihre Position. Ich bin der Meinung, dass Schüler und Lehrer zusammen das Recht auf einen transparenten Lernprozess haben. Auch dies war einer der zentralen Merkmale von gutem Unterricht nach Hilbert Meyer im ersten Kapitel.

Lernen in der Gegenwart des Anderen

Im zweiten Kapitel habe ich anhand von John Dewey den solidarischen und verbindenden Charakter des Lernens betont. Sinnvolles Lernen geschieht in einem respektvollen Miteinander – in Einheit und Verschiedenheit – mit „Lern-Gefährten", um das Gute darzustellen, kritisch zu hinterfragen, schrittweise zu realisieren und sich miteinander zu verbünden. Ich spreche in diesem Zusammenhang von der Notwendigkeit einer pädagogischen Vision, einem Traum über das *Zusammen* des Zusammenlebens, der in der Erziehung beginnen kann und sollte. Meiner Meinung nach scheint die Zeit gekommen zu sein, das Leistungsdenken im Bildungswesen und konkret im Unterricht einer Kritik zu unterziehen, den Druck wegzunehmen und Menschen wieder Anschluss an die ursprüngliche Vision von gutem Unterricht finden zu lassen.

Wann immer alles „Einheitsbrei" wird und Schüler auf ihre messbare Seite reduziert werden – Leistungen, die den internationalen Bildungsstandards entsprechen – unternehmen wir zu wenig für ihre Persönlichkeitsentwicklung. Kinder und Jugendliche haben das Recht auf Differenzen und auf eine Didaktik, die das ermöglicht. Was für einen Sinn hat ein interkultureller, offener und kommunikativer Lernprozess, wenn Schüler sich nicht wesentlich voneinander unterscheiden dürfen und können, außer wenn dies in Noten ausgedrückt werden kann? Kann überhaupt der Charakter, die Willensstärke, die moralische Geschicklichkeit, die weltanschauliche Denkkraft, die musische Inspiration, das literarische Gefühl – um hier nur einige zu nennen – in Noten festgelegt werden? Schulen für das Leben bedeutet meiner Meinung nach mehr denn je, Raum für *Differenzen* – für radikale und ehrliche Unterschiedlichkeit – zu schaffen, die nicht mit einer Messlatte zu *begreifen* sind. Das Mysterium eines Kindes, eines Menschen im Werden, ist viel größer als ein Bildungssystem es je *erfassen* kann. Funken dieser Vision sind heute zu sehen, man muss sie nur wahrnehmen und kultivieren wollen.

Kommunikative Brücken zwischen lernenden Menschen zu bauen, setzt voraus, dass auf beiden Seiten des Lebensstromes dauerhafte und solide Brückenpfeiler aufgebaut werden. Kinder haben das Recht auf so einen eigenen Brückenpfeiler, eine eigene Meinung, eine eigene Herkunft und Zukunft. Darum wird in der interreligiösen Didaktik die Betonung weiterhin mehr auf die dritte Spalte des obenstehenden Schemas gelegt, auf das (wieder-)finden einer eigenen Lebensvision. Ich gebe zu, dass die Vision für viele unter Gleichgültigkeit oder einem Mangel an Klarheit verdeckt ist. Viele Kinder haben „den Faden verloren": Die Brotkrumen, die sie in dem dunklen Wald mit Zuhause verbinden, sind verschwunden, aufgegessen von Besserwissern und Unglückspropheten. Für viele ist selbst der Begriff *Zuhause* bedeutungslos. Hier stellen sich die Fragen: „Wie kann man sich dann überhaupt auf den Weg zu einer eigenen Lebensbestimmung begeben? Wie kann man dann überhaupt sinnvolle Brücken zu anderen aufbauen?"

Der amerikanische islamische Pädagoge indischen Ursprungs Eboo Patel hat in diesem Zusammenhang ein eindrucksvolles Buch über seine Erfahrungen mit dem Projekt *„Interfaith Youth Core"* geschrieben.[4] Er ist der Meinung, dass durch gemeinschaftliche humanitäre Aktionen der interreligiöse Dialog zwischen Jugendlichen geübt werden kann. Jugendliche müssen ihre moralische und weltanschauliche Position dann nicht „in Klammern setzen", sondern werden eben in der Begegnung mit anderen in einem gemeinschaftlichen Projekt herausgefordert, die eigene Präsenz schärfer zu formulieren, die eigene Herkunft (aufs Neue) zu benennen und so den *Unterschied* zu vollziehen. Es ist erstaunlich festzustellen, so Patel, an wie viele religiöse und andere Erzählungen über Empathie Kinder sich erinnern, wenn sie zusammen ein Haus für eine arme Familie bauen, oder wie viel Einsicht sie für Gastfreundschaft zeigen, wenn sie Flüchtlinge aufnehmen. Durch „service learning" gehen junge Menschen zusammen den Weg „to identify what is common between religions", aber es wird auch ein sicherer Raum kreiert, „where each can articulate its distinct path to that place".[5] In unseren multikulturellen Städten leben Kinder schon in guten und schlechten Tagen zusammen und miteinander, aber sie wissen oft nicht, was sie voneinander unterscheidet. Der Einheitsbrei „Alles ist gleich!", „Wir glauben alle an den gleichen Gott" oder „Wir sind doch alle Freunde" hilft ihnen eigentlich nicht weiter. Eboo Patel meint, dass das Lernen von Gastfreundschaft – verweilen in der Anwesenheit des Anderen und sich auseinandersetzen mit dem „Anders-sein" des Anderen – eine riskante Beschäftigung ist, aber wesentlich zur Bildung des Menschen der Zukunft beiträgt.

Ich befürworte diese Erkenntnis von ganzem Herzen. Für viele ohne existentielle Heimat ist die *Herkunft* zwar problematisch, aber das will noch nicht heißen, dass ihnen keine Zukunft zugeteilt werden kann!

Spirituelle Kommunikation

Der russische Religionspädagoge Fedor Kozyrev geht noch einen Schritt weiter. Durch die Tatsache, dass viele Kinder losgelöst von einem ursprünglichen moralischen und weltanschaulichen Zuhause zu einer Art Nomaden geworden sind, zu individualisierten Suchenden, die gegeneinander stoßen und sich miteinander auseinandersetzen, muss die Schule notwendigerweise ein Ort der Kommunikation werden. Sie kann einfach nicht anders. Technisch gesehen lernen Kinder in der Schule für die konkrete Gesellschaft Rechnen und die Sprache, problemlösendes Denken, miteinander zu kommunizieren und Verabredungen zu treffen. Aber unter all diesem – unter der tatsächlichen und absichtlichen Kommunikation des Lernens an der Schule – verbirgt sich eine tiefgehende Kommunikation über das Leben, welche Kozyrev eine spirituelle Kommunikation nennt. Neben den „eins zu eins" Lernprozessen – auf diesen einen Topf passt dieser eine Deckel, auf diese eine Frage passt nur diese eine Antwort – bietet das Leben noch so viele Fragen, worauf keine eindeutige Antwort gegeben werden kann. Auf bestimmte Fragen sind sogar überhaupt keine Antworten möglich. Einige Probleme bleiben einfach ungelöst.

Dann ist nach Kozyrev eine neue Form von Kommunikation notwendig: die spirituelle.[6] Oder besser noch, diese Kommunikation ist bereits vorhanden, sie muss nur noch in der alltäglichen Kommunikation erschlossen und zugänglich gemacht werden.

Wie geschieht das? Der Mensch in seiner Einzigartigkeit sucht sich einen eigenen Weg, um Antworten zu finden, und stößt bei dieser Suche zwangsläufig auf jemand Anderen, der ebenfalls ein Suchender ist. Der Dialog als die Begegnung mit dem Anderen wird dann selbst eine *source of knowledge*,[7] eine Quelle der Erkenntnis, die dieser Begegnung entspringt. In diesem Moment treffen zwei Seelen aufeinander: Menschen bleiben beim Finden einer endgültigen Antwort auf die Lebensfrage verschieden, aber gerade in der Differenz finden sie *einander* als mögliche Antwort auf diese Lebensfrage. Die Möglichkeit einer Antwort steht im Vordergrund und nicht die Perfektion der Antwort.

Durch das „Sich-öffnen" für das, was Kozyrev mit Mikhail Bakhtin ein alternatives „Koordinatensystem" nennt, eine andere Art von Sehen, vorgelebt durch einen Mit-Menschen und durch einen Begleiter im Lernprozess, öffnet sich meine Welt und ich bekomme eine neue Sicht auf meine eigene Herkunft und Zukunft, werde ich eine neuer Mensch und komme ich meiner eigenen Gegenwart näher. Dies geschieht spontan und wird nicht absichtlich als Lernprozess vom Lehrer inszeniert. Die Existenz *ist* Kommunikation. Der Mensch ist ein dialogisches Wesen, er kann nicht anders sein, denn das ist sein Existenzgrund. Die Frage, ob diese relationale Kenntnis ab einem bestimmten Alter verloren geht, mit anderen Worten, ob es vor allem Kinder sind, die spontan und intuitiv wissen, was diese Art von Lernen beinhaltet, kann ich an dieser Stelle nicht beantworten.[8] Auch die Frage, ob dies mit unserem Zeitalter zusammenhängt und ob Menschen heute für diese Art von existentieller dialogischer Offenheit weniger sensibel geworden sind, kann ich hier ebenso wenig beantworten. Es sind dringend Untersuchungen notwendig, damit die entwicklungspsychologischen Voraussetzungen solcher Prozesse von „interspirituellem Lernen" oder „Lernen in der Gegenwart des Anderen"[9] aufgeklärt werden können.

Der Lehrer als Zuhörer und Ansprechpartner

Es spricht für sich, dass in kommunikativer Hinsicht von einem Lehrer viel verlangt wird: Er muss eine gute *elementarisierte* Vorbereitung des Stoffes vorlegen können. Er muss ein guter Moderator sein, der weiß wie er junge Menschen miteinander und mit dem Stoff ins Gespräch bringt, aber vor allem muss er auch in der eigenen Lebensgeschichte, im eigenen Koordinatensystem oder im eigenen Standpunkt zuhause sein. An dieser Stelle geraten wichtige Fragen in den Vordergrund: „Kann der Lehrer selbst eine gute Erzählung vorweisen, wenn Schüler nach seiner Präsenz fragen? Wie sieht es mit dem eigenen ‚Rucksack' des Lehrers aus? Ist darin genügend vorbereitetes Wissen und Flexibilität vorhanden, um auf Fragen einzugehen? Und lässt sich dort vor allem eine gute Begründung über die eigenen Ziele und die eigene Motivation finden? Ist seitens des Lehrers Flexibilität vorhanden, um den spirituellen Dialog mit Schülern zu führen?"

Das bedeutet nicht, dass ein Lehrer das eigene Ziel fortwährend offenlegen muss, aber wohl, dass er authentisch das eigene Ringen, die eigene Auseinandersetzung mit dem Lehrstoff und dem Fachgebiet darlegen kann. Junge Menschen sehnen sich nach sinnvoller Orientierung und nach einem Standpunkt, der einen Unterschied macht und sich von anderen abgrenzt, sodass sie sich selbst damit auseinandersetzen können. Als Lehrer kann und darf man hier nicht in Verzug bleiben. Man sollte ein Vorbild und ein Ansprechpartner sein – jemand, der Wege von sinnvollem Lernen und Leben aufzeigt.

Die beste Art, um sich als Lehrer in der spirituellen Kommunikation zu qualifizieren, ist, selbst ein Schüler zu werden und von seiner Klasse zu lernen. Später, im sechsten Kapitel, werde ich ausführlich auf die *Präsenz* des Lehrers eingehen, wie er in und vor der Klasse zuhörend anwesend ist. Im dritten Kapitel habe ich über den Lehrer berichtet, der die elementaren Erfahrungen und Zugänge von Schülern besonders im Blick haben muss, damit Lernen überhaupt möglich wird. Neben einem Ansprechpartner und Vorbild muss der Lehrer darüber hinaus auch ein guter Zuhörer sein. Eine Klasse ist laut des australischen Theologen Terry Veling wie ein Text. Ein Text, der nach konzentriertem Lesen verlangt und der seine Wahrheit nur preisgibt, wenn man aufmerksam und aufgeschlossen zugehört hat. Das Zitat ist zu kostbar, um es hier nicht vollständig wiederzugeben:

> „In my own teaching practice, I find myself constantly trying to read the class of which both myself and the students are members. I always come away from a class as if I have just come away from reading yet another intriguing chapter in an intriguing book. Every class is different, and I am continually surprised at the novel twists and turns, questions and responses, stories and reflections that emerge in a time of educational conversation. Each class bears all the marks of a complex and compelling text, one that I am constantly trying to read, feeling for the pulse and beat of the questions, issues and themes that are circulating among us."[10]

Ein Lernkontext ist wie ein Text, der nach sorgfältigem Lesen verlangt. Der Lehrer trägt in diesem Punkt eine gewaltige Verantwortung: Er muss genau zuhören und gewissenhaft zurückspiegeln, sodass das Licht der Erkenntnis durchbrechen kann.

3. Inspiration

Dass Erwachsene das Leben eines Kindes oder Jugendlichen auch unsorgfältig *lesen*, missverstehen oder schlimmer noch bewusst missachten können, will ich kurz anhand der Geschichte *Das greise Kind* des niederländischen Grundschullehrers und Schriftstellers Theo Thijssen erläutern.[11] Auf diese interessante Inspirationsquelle bin ich in dem Buch *Het geminachte kind* (Das missachtete Kind)[12] des Jugendautors Guus Kuijer gestoßen. Ich habe die Geschichte von dem greisen Kind später selbst gelesen und danach immer wieder und wieder. Sie ist provokant geschrieben: Henricus van der Stadt verfügt als Kind über die Gabe, die Dinge um ihn herum als Erwachsener zu interpretieren. Er ist „das Kind mit dem Blick eines Greises; das Kind, das schon vieles erlebt hat; das Kind mit der unvorstellbaren, geradezu unmöglichen Frühreife. [...] Es handelt sich hier eigentlich ja nicht um ein Kind, das über die Erfahrungsweisheit eines einzelnen Menschenlebens verfügt, sondern um die Erfahrungen mehrerer Generationen."[13] Heutzutage würde man sagen, dass Henricus hochbegabt und hypersensibel ist. Er hasst die Schule: Das Einzige, was man da lernt, ist aufzupassen, dass man nicht für die Unterrichtsstunden bestraft wird, in denen man nicht gelernt hat, und dass man folglich mit Spicken und Heucheleien probiert, die Schule zu überleben. „Schwänzen und Lernen-von-der-Straße" werden für ihn zu einer interessanten Alternative. Mit seinen kleinbürgerlichen Eltern lebt er auf „unsicherem Fuß". Sein Vater ist konsequent und streng, seine Mutter ist sanftmütig und versteckt die Tatsache, dass es Probleme hinsichtlich der schulischen Leistung ihres Kindes gibt, ängstlich vor der Außenwelt. Die Kommunikation läuft völlig verkehrt: Der Vater hat wegen seines harten Jobs im Büro keine Zeit für ein vernünftiges Gespräch und ist sehr streng im Umgang mit seinem Sohn. Die Mutter verhätschelt ihren Sohn und scheint ebenso wenig eine geeignete Gesprächspartnerin zu sein. Sie macht sich selbst etwas vor: „Och, es wird schon alles gut mit meinem Jungen."

Beide missachten ihr besonderes Kind dadurch, dass sie ihm mit Gewalt oder mit Zärtlichkeit in seiner Einzigartigkeit und in seiner Präsenz verleugnen. Der pädagogische Dialog steht komplett still. Henricus fühlt sich unsicher und kämpft mit einem Loyalitätskonflikt in Bezug auf seine Mutter: „Wäre ich ein gewöhnlicher Bursche gewesen, ich hätte ihr bei meinem damaligen Flegelalter die Suppe gründlich versalzen. Aber ich war das greise Kind und dachte: Wozu wäre es gut, Mama im Stich zu lassen und sie dieser widerlichen Bande sogenannter guter Freundinnen wehrlos auszuliefern? Die Wahrheit, die echte Wahrheit ist diesen Leuten ja doch völlig unbegreiflich – wozu soll ich mich also anstrengen, ihnen andere Lügen aufzubinden als Mama?"[14] Henricus weiß es besser. Vor allem im letzten Teil des Buches, wenn er ins Jugendalter und in die Pubertät gelangt, wendet er sich gegen seine Eltern. „Lass sie nur reden", denkt er, „ich gehe meinen eigenen Weg. Sie verstehen mich sowieso nicht." Der Autor beschreibt auf hervorragende Weise, wie Henricus einen inneren Monolog führt und so zu seiner Außenwelt Stellung bezieht.

In dieser Geschichte wird – aus der Kontrasterfahrung heraus – deutlich, wie wichtig, aber auch wie schwierig gute Kommunikation zwischen Generationen sein kann. Ich lerne aus dieser Geschichte, dass Kinder im Stande sind, unaufrichtige Kommunikation zu entlarven und die kreierte Offenheit von Erwachsenen als Selbstbetrug zu durchschauen. Junge Menschen fragen nach ehrlichen Erwachsenen, die ein begeistertes und fundiertes *Gegenüber* sind, mit dem sie sich auf angemessene Weise auseinandersetzen und dadurch ihren Charakter und ihre Persönlichkeit weiter ausfeilen, einen besseren Schliff verpassen und so zu einem einzigartigen Diamanten, einer einzigartigen Persönlichkeit werden können. Vor allem in Hinblick auf die Mutter bleibt Henricus am Ende der Geschichte sehr unzufrieden zurück: „Ach ja, es ist gewiss peinlich, wenn man an einem Sohn wie ich zu leiden hat. Aber, mein Gott, es ist zu ertragen, man gewöhnt sich daran und spricht nicht darüber. Na, und wenn's gar nicht anders geht, dann ernennt man ihn zum Wurm, der einem am Lebensglück nagt. Da hat man den schönsten Kummer, den man sich nur wünschen kann. Dahinsiechen ist auch eine interessante Beschäftigung."[15] Das Buch endet, als Henricus 16 Jahre alt ist, sich weigert, eine Ausbildung zu beginnen, und beschließt, seinen Vater zu fragen, ob er bei ihm im Büro arbeiten darf. Wie durch ein Wunder akzeptiert sein Vater diese Entscheidung. Henricus findet sich mit der Situation ab. Er will Ruhe in seinem Kopf. Das Buch endet jedoch tragisch: Henricus bekommt schlussendlich nicht die Chance, er selbst zu werden. Die Erziehung ist vorbei und als dialogischer Prozess missglückt. Henricus erzählt seine Geschichte als Patient in einer psychiatrischen Anstalt.

4. Herausforderung

Lehrer tragen eine große Verantwortung für den pädagogischen Dialog und das Gespräch von Jugendlichen mit der Tradition, untereinander und mit sich selbst. Von ihnen werden sinnvolle Interventionen erwartet in Momenten, in denen Spannungen im Lernprozess in der Luft liegen. Es muss zumindest eine aufrichtige Antwortbereitschaft vorhanden sein, Ehrlichkeit sowie jederzeitige „Ansprechbarkeit" (im Englischen: „response-ability"). Der Lehrer sollte demnach im Einklang mit sich selbst sein. Die Ehrlichkeit und Ansprechbarkeit, die er als Zielsetzung auf der Ebene des Schülers beabsichtigt, muss er sich auch selbst angeeignet haben. Denn wer zu sich selbst findet, kann es auch Anderen ermöglichen, zu sich selbst zu finden.

Die oben genannte Geschichte vom greisen Kind macht uns die mögliche Tragik von schlechter Kommunikation und/oder

Verleugnung der Präsenz von Kindern und Jugendlichen im Lernprozess bewusst. Es kann mitunter gründlich „schief gehen", Menschen können sich gegenseitig, bewusst oder unbewusst, gewaltig missverstehen. Ein Lehrer muss darum auch immer gut auf sich selbst hören, auf die eigenen Bewegungen der Seele und auf die Versuchung, sich selbst etwas vorzumachen. Pädagogischer Selbstbetrug ist eine harte Realität, auf die viele stoßen und die viele stört („Ich mache es doch gar nicht so schlecht, wo kommt denn jetzt das schlechte Gewissen her?"). Sich selbst etwas vorzumachen, passiert jedem in kleinerem oder größerem Maße einmal. Sich darüber bewusst zu werden, ist harte Arbeit. Ich denke, dass jeder Lehrer Seelenverwandte nötig hat, die ihm in schwierigen Zeiten helfen, den Weg zum pädagogischen Prozess in aller Ehrlichkeit wiederzufinden. Ich halte deshalb sehr viel von Lehrernetzwerken. Ein Lehrer benötigt Nahrung – *soul food* („Nahrung für die Seele") – nicht allein, um sie unter den Schülern *in der Klasse* zu verteilen, sondern auch für *sich selbst*, um vital und flexibel zu bleiben.

Kapitel 5

Verlangsamung

Didaktische Planung spielt für die Beschreibung eines guten Lehrers eine große Rolle. Der Lehrer strukturiert die Schülerschaft, den Lehrstoff und die Kommunikation, sodass Schüler optimal lernen und auch selbst ein gutes Gefühl dabei haben können, denn das ist wichtig: Lernen muss von zwei Seiten ausgehen. In dem Maße, wie dieses Buch es fordert, verschiebt sich dabei jedoch langsam der Schwerpunkt des Handelns: Der Lehrer gibt den Lehrprozess mehr und mehr aus der Hand und vertraut ihn den Schülern an. Im vorigen Kapitel ließ ich schon durchblicken, dass Schüler die Kommunikation mit dem Lehrstoff, mit Anderen und mit sich selbst auf ihre eigene Weise mitbestimmen und gestalten. Die Klasse ist ein organisches Ganzes, ein Baum voller Leben: Die Säfte durchströmen das Ganze und alles steht miteinander in Verbindung oder kommuniziert miteinander. Der Baum besteht und lebt auch ohne die Intervention und das Einmischen des „Lehrers-als-Gärtner".

1. Praxis

In diesem Kapitel will ich mich noch ein letztes Mal explizit auf den Lehrprozess konzentrieren und untersuchen, was in der Phase der Verflüssigung von Wissen, d.h. im konkreten Unterrichtsmoment, geschieht, wenn Lehrer und Schüler aufgrund von Lernimpulsen kreativ neues Wissen entwickeln und erschließen (siehe Spalte b des Schemas auf S. 72). Ich nenne diesen kostbaren Moment den „Moment der Wissensvertiefung" und stelle fest, dass in solch einem Moment die Zeit still stehen kann. Auch wenn Schüler oft auf die Uhr schauen, weil sie die Unterrichts-stunde langweilig finden und – ergeben und mit viel Geduld – auf das Ende von dem warten, was sie als Qual empfinden, geschieht es in solchen Stunden, dass der „Klick-Moment" des Lernens wie eine Ewigkeit erscheint, die von solch tiefgehender Intensität ist, dass sie Zeit und Raum übersteigt. Im sechsten Kapitel gehe ich dann über zu dem, was dieser eigentliche Lern-moment für den Schüler bedeutet und wie dies zu seiner persön-lichen Aneignung von Wissen passt. Abschließend versuche ich im siebten Kapitel eine Vorstellung davon zu formulieren, wie der Lehrer dank, aber auch trotz seiner Anstrengungen als Person für das Leben und Lernen von Schülern wertvoll sein kann und wie er in und durch sein Lernarrangement zu ihrem Menschwer-den beitragen kann. In den drei letzten Kapiteln geht es daher um eine andere Realität als die der reinen didaktischen Planung und Organisation des Lehrens und Lernens, nämlich um das Geheimnis des Menschwerdens, vom Wachsen der Person, die durch den *Bildungsprozess* eine eigene Gestalt annimmt.

Slow food and soul food

Damit ein tiefgehender Lernprozess stattfinden und gelingen kann, ist Entspannung notwendig: Zeit, um neue Einsichten zuzulassen und Inspiration wirken zu lassen. Ein Problem des heutigen Schul- und Bildungssystems ist, dass Lehrstoff vermittelt werden muss und dass es zu wenig Zeit für die Wissensvertie-fung gibt. „Dinge bleiben nicht einfach so hängen", sie bleiben nicht im Gedächtnis haften. Darüber hinaus werden sie zu wenig integriert, Verbindungen zwischen verschiedenen Fächern werden nicht hergestellt und die Stoff-Fragmente stehen weiterhin unverbunden nebeneinander. Die „pädagogische Verdauung" arbeitet folglich nicht gut. Schüler bleiben mit einer Magenverstimmung sitzen: Sie bekommen in zu kurzer Zeit zu viele verschiedene Nährstoffe verabreicht. Unterrichtsspezialisten versuchen etwas dagegen zu unternehmen: In fast allen Lebensdomänen und Schulfächern bieten sie jungen Menschen pädagogisches *fast food* an, mundgerechte Stücke, die schnell verdaulich sind, welche die lernende Person allerdings mit einem Gefühl von Unzufriedenheit zurücklassen können. Schlimmer noch: Durch die strikte Durchführung eines solchen *fast food*-Unterrichtsmodells verlieren junge Menschen aus den Augen, was das Formen und Gestalten schlussendlich beinhaltet, nämlich die Persönlichkeitsbildung. Kinder und Jugendliche benötigen langsame Nahrungsaufnahme, d.h. *slow food*, Zeit, um zu lernen, *slow questions* (Fragen, die noch nicht ausgereift sind) über den Lehrstoff im eigenen Tempo zu stellen, zu beantworten und sich anzueignen. Schauen Sie einmal in Ihrer eigenen Lernbiographie nach und versuchen Sie herauszufinden, wann Sie etwas wirklich tiefgehend gelernt haben: Vielleicht dann, als genügend Zeit vorhanden war, um unter Anleitung eines begeisterten Lehrers eigenständig zu arbeiten, Dinge zu sammeln und in Richtung einer eigenen neuen Synthese tiefer zu durchdenken. *Slow food* wird dann *soul food* – Nahrung für die Seele – für die einzigartige Person, die in jedem steckt, sich aber immer weiter entwickeln muss.

Entstöpseln und Verflüssigen

Ich bin ein großer Befürworter von weniger Lehrstoff und mehr Lernzeit, sodass sich lebendige Synthesen als *soul food* in der Person selbst entwickeln, festigen und heimisch werden können.

Zwei Bewegungen sind hierbei von großer Bedeutung: Öffnung und Verflüssigung.

Letzteres habe ich bereits im dritten Kapitel im Rahmen der Elementarisierung zur Sprache gebracht. Der Stoff muss mit Blick auf die Schüler, im Takt der Schüler, verflüssigt werden, sodass er für sie einsichtig und verdaulich wird. Sperrige Themen müssen durch Erzählungen, Impulse, Denkschemata und Handlungsmuster zur *Verflüssigung* gebracht werden, wodurch sie im Denken der Schüler einen Wiedererkennungseffekt hervorrufen, sodass deren Vorkenntnisse und Vorerfahrungen in Bewegung gebracht und sie für neue Erkenntnisse aktiviert werden. Eine Bibelerzählung kann zum Leben erweckt werden, wenn Schüler selbst zu Teilnehmern werden und die Erzählung mitspielen können. Ein Einblick in historische Ereignisse und historisches Lernen sind nur möglich, wenn Schüler in die konkreten Lebensumstände der erzählten Zeit mitgenommen werden. Eine literarische Metapher kann nur zur Inspiration werden, wenn sie auch in anderen Kunstformen und in der populären Kultur von Jugendlichen wiedererkannt wird, und eine bestimmte Spiel- oder Sportart wird nur verständlich, wenn sie tatsächlich gespielt wird.

Verflüssigen bedeutet, die abstrakte Erkenntnis, die aus objektiven Erfahrungen von Anderen aus einer anderen Zeit und von einem anderen Ort gewachsen ist, zu verändern und an eine konkret erlebbare Erfahrungswirklichkeit für Schüler im Hier und Jetzt anzupassen. Darüber hinaus ist es wichtig, vorab zu überprüfen, ob heute womöglich andere Erfahrungen gelten und von größerer Bedeutung sind. Lernen ist in dieser Art und Weise eine „Resubjektivierung objektivierter Erfahrung" (H.-J. Fraas). Es spricht für sich, dass eine angemessen vorbereitete Elementarisierung in hohem Maße den Lernerfolg bestimmt: Starke Lernelemente brauchen starke Lernimpulse und starke

Basisideen erfordern eine klare und herausfordernde Konkretisierung im Unterricht.

Oft geht dem Verflüssigungsprozess ein Moment der *Öffnung* voran. Die Quellen, aus denen Schüler schöpfen können und dürfen, müssen geöffnet werden, sodass man sich an ihnen laben kann. Ein jeder hat das Recht auf einen angemessenen Zugang zu Unterrichtsmaterial. Der Lehrer muss darauf achten, dass alle zu den Quellen der Bildung und des Wissens, beispielsweise zum Schulbuch, zur Bibliothek oder zum Internet gelangen können.

Öffnen hat auch noch eine zweite Bedeutung: Oft müssen erst die Sinne der Schüler für neues Wissen „entstöpselt" werden. Bei vielen Kindern ist die Wahrnehmung verstopft: Mit ihren Ohren hören sie nur selektiv, ihr Blick auf die Welt ist verengt, ihre Lernhaltung verkrampft und ihr Geschmack für überraschendes *soul food* ist wegen eines Überkonsums von schnellen Häppchen verändert. Während der der Unterrichtsstunde vorangehenden Elementarisierung wird der Lehrer hierüber nachdenken müssen: Wie mache ich meine Schüler für die elementaren Wahrheiten, die im Lehrstoff verborgen liegen, empfänglich und wie bringe ich sie auf den Geschmack für das überraschende Neue, für das, was sie noch nicht kennen und was auf den ersten Blick nicht zu ihrem Vorwissen passt? Die Frage nach der Motivation – „Wie schaffe ich es, dass sie die Hürde ihres Misstrauens gegenüber dem befremdlichen Neuen bewältigen?" – bleibt eine spannende, aber schwierig zu lösende Aufgabe der Pädagogik und Didaktik. Es gleicht einem Paradox, welches ich zuvor im ersten Kapitel als Spannung zwischen Festhalten und Loslassen benannt habe. Es ist eine Frage des Leitens und „an-die-Hand-Nehmens", aber zugleich des Loslassens und des Wagens, sich einzugestehen, dass Schüler ihren eigenen Weg zu gehen haben. Freiheit ist eine zentrale Kategorie in diesem pädagogischen Paradox.

2. Theorie

Auf jeden Fall sind Zeit und Raum für diesen „Tiefgang-in-Freiheit" notwendig. Niemand kann gezwungen werden, mitzugehen, denn Menschen haben jeweils ein eigenes Lerntempo. Ein guter Lehrer aber weiß selbst in der begrenzten Zeit einer Unterrichtsstunde, Zeit und Freiraum zu schaffen, um Verlangsamung in Gang zu bringen – wieder so ein Paradox! Dies kann auf zwei Arten geschehen. Einerseits indem er *Ordnung* in einem Knäuel von Bedeutungen schafft, das sich im Lernprozess entwickelt oder bereits entwickelt hat. Andererseits durch die bewusste Konfrontation der Schüler mit *Fremdheit*, durch die neue Erkenntnisse und Praktiken entstehen und vertieft werden können. Die erste Bewegung schließt an aktuelle didaktische Strömungen an und zielt auf die Beherrschung von *Chaos* oder Durcheinander ab, sodass neue und klare Erkenntnisse bei den Lernenden entstehen können. Die zweite Bewegung ist eher traditionell-formender Art und will mit dem Fokus auf das langsame und ruhige Einüben lebensförderlicher Praktiken und Einsichten *Kosmos* oder Ordnung herstellen. Beide Prozesse erfordern Zeit und dementsprechend Verlangsamung. In einer modernen Schule kommen beide Bewegungen zum Zuge. Kinder sind Ko-Konstrukteure neuer Erkenntnisse, indem sie selbständig lernen, mit widersprüchlichen Deutungen in der Klasse umzugehen. Dies entspricht einer Realität, die wir im vierten Kapitel unter der Überschrift Kommunikation ausführlich erläutert haben. Aber Kinder empfangen in der Klasse auch Deutungen und Erkenntnisse, die ihnen vom Lehrer und von Mitschülern als tradiertes Material angeboten werden Auch in diesem Prozess der Aneignung sind sie ebenfalls Ko-Konstrukteure neuer Erkenntnisse. Ich entwickle zunächst diese beiden Perspektiven bezüglich der Verlangsamung des Lernprozesses und gehe dann näher auf die Idee ein, dass beide Bewegungen zusammen in demselben Lernmoment vorkommen können, im sogenannten „pilgernden" Lernen.

Ratlosigkeit und Explosivität in der Klasse

Es kommt häufig vor, dass ein Lehrer seine Sache perfekt vorbereitet, die Schülerperspektive gründlich einbezogen und einkalkuliert sowie anregende Impulse ineinander gebastelt hat und dennoch feststellen muss, dass die Klasse eine ganz andere Richtung einschlägt, als er vorgesehen hat. Dafür gibt es viele Gründe: Schüler können bewusst stören, weil sie keine Lust haben, sich am Unterricht zu beteiligen. Es können Spannungen zwischen Cliquen in der Klasse vorherrschen oder externe Faktoren den Lehr- und Lernprozess beeinflussen. Es ist nicht immer einfach, zu beurteilen, welche Dynamiken eine Klasse beherrschen. Es kann auch sein, dass Schüler um Aufmerksamkeit für ihren Standpunkt bitten, für den Interpretationsunterschied oder hermeneutischen Knotenpunkt[1], der zwischen ihnen untereinander und/oder dem Lehrer bezüglich eines bestimmten Themas besteht sowie für neue Fragen, die das Thema bei Schülern hervorruft und die der Lehrer noch nicht bedacht, geschweige denn beantwortet hat. Es kann auch sein, dass ein bestimmter externer Faktor tiefgehend in das Unterrichtsgeschehen eingreift und somit auch die Gestaltung des Inhalts bedingt. Wie bereits erwähnt, ist es nicht immer einfach, ein eindeutiges Urteil zu fällen, womit dieser Bezugspunkt zusammenhängt und auf welche Art und Weise interveniert werden kann. Damit diese Abwägung getroffen und angemessen darauf reagiert werden kann, ist Erfahrung notwendig. In jedem Fall ist dies ein kostbarer Lernmoment.

Bei meiner amerikanischen Kollegin, der Theologin Maureen O'Brien, fand ich eine interessante Beschreibung darüber, wie in der Klasse Ratlosigkeit zu einem gelungenen Lerninhalt umgeformt werden kann.[2] Anlässlich des Terroranschlags vom 11. September 2001 entstand in ihrer Klasse eine große Unruhe bezüglich des religiösen Extremismus. Es wurde mit Vorurteilen und Vorwürfen hin und her geschleudert und die Stimmung heizte sich auf. Für die Dozentin war dies ein deutliches Signal: Sie musste hier etwas unternehmen. Sie fasste den Entschluss, einen Lernprozess mit dem Ziel der „Ent-Spannung" der Situation zu entwickeln. Verlangsamung war hierbei das Schlüsselwort: Anstatt schnelle und unreflektierte *one liners* im Gespräch zuzulassen, beschloss die Dozentin, den Lernprozess zu verlangsamen und ihre Studenten mit präzise ausgewählten Aufgaben nach Hause zu schicken, um sich Klarheit über das Problem zu verschaffen. Mit passenden und der Thematik entsprechenden Leseaufgaben forderte sie ihre Studenten zur Arbeit auf. Das Problem hatte im Grunde mit dem Thema des Konflikts von Gewalt und Religion zu tun, zwei Dinge, die man spontan nicht miteinander in Verbindung bringt. Von den Studenten wurde erwartet, dass sie diese Spannung auf sich einwirken lassen, sich dadurch beunruhigen lassen und versuchen, Einsicht in die Beweggründe von Menschen zu bekommen, die solche explosiven Verbindungen eingehen. Ebenfalls wurden sie dazu aufgefordert, zu überdenken, ob ihre eigene Religion selbst von solchen explosiven Verbindungen freizusprechen wäre. Zum Schluss bat die Dozentin ihre Studenten, selbst zu untersuchen, ob und wie das Thema Gewalt im eigenen religiösen Leben einen Platz haben könnte. Wenn Religion und Gewalt miteinander verbunden werden, entsteht beispielsweise schnell die Frage nach religiöser Gegengewalt, nach dem zugrundeliegenden Gottesbild sowie nach dem Platz eines Gebetes für die Feinde. Wie sich schnell herausstellte, waren derartige Fragen auch in der Klasse von O'Brien nicht „aus der Luft gegriffen". Sie hat pädagogisch gesehen direkt „ins Schwarze getroffen".

Die Dozentin sorgte durch die didaktische Verzögerung für eine Entschärfung der Explosivität der Situation. Ehe sie mit ihrer Klasse überhaupt mit dem Unterrichtsthema fortfahren konnte, musste zuerst das Chaos beseitigt und die Ordnung wieder hergestellt werden. Zu dieser Wiederherstellung mussten die Studenten selbst einen großen Teil beitragen, da sie direkt von dem Moment der Ratlosigkeit betroffen waren. Bei der Reflexion dieses Lernprozesses stellte O'Brien fest, dass Askese oder Zurückhaltung zentrale Tugenden waren. Jemand, der asketisch lebt, gibt sich nicht der Gier hin und lässt sich nicht zum *fast food* verführen, sondern nimmt sich Zeit, besonnen und ausgewogen zu leben. Daher ist Askese laut O'Brien auch in besonderer Weise für das Lernen geeignet. Wer asketisch lernt, lässt sich nicht zu schnellen Vorurteilen, Urteilen und Verurteilungen verleiten. Sie stellt fest, dass ihre Studenten auf drei Ebenen zur Verlangsamung gelangten: In ihrer Grundhaltung, ihren Gesprächen und ihren Handlungen. Ihre Grundhaltung wurde eine Haltung der Selbstkritik: „Was bei mir bis jetzt als Wissen eingeschliffen ist, stimmt das, kann ich das aufrecht erhalten?"

Die Erkenntnis von Dorothee Sölle, dass Erziehung oft auch *dis-education* sein muss – Abstandnehmen von erlernten und eingeübten Wahrheiten und Praktiken, die nicht mehr hinterfragt werden können oder dürfen –, wird hier benannt.[3] Auch die Gespräche nahmen eine asketische Art und Weise an: Die Studenten wurden sich in der Kommunikation mehr und mehr ihrer Verschiedenheit und Unterschiedlichkeit bewusst, der Tatsache, dass in verschiedenen Wissensgemeinschaften andere Perspektiven über das Verhältnis von Religion und Gewalt bestehen. Die Dozentin verstand, sie zu einem Perspektivenwechsel und zum interspirituellen Lernen in der Anwesenheit des (religiös) Anderen zu ermutigen. Zum Schluss wurden auch ihre Praktiken zurückhaltender: Zum Beispiel war Beten in einer Situation von religiösem Fanatismus nicht länger selbstverständlich. Inmitten von Spannungen sich in verbindendem Lernen füreinander einzusetzen, erwies sich in der Klasse von O'Brien als nicht einfach und musste gleichsam neu erlernt werden. Die Ratlosigkeit wurde durch eine Didaktik der Entspannung und des Verlangsamens durchbrochen und gleichsam auf ein anderes und tiefergehendes Niveau gehoben. Die Dozentin besaß in diesem Kontext die Kompetenz, diesen Prozess zuzulassen und kreativ umzuwandeln.

Produktive Fremdheit

Eine zweite didaktische Bewegung, die der Lehrer in der Klasse vollziehen kann, geht nicht von einer bestehenden Perplexität aus, die über den Schülern als Aktualität hereinbricht, sondern von einer durch den Lehrer selbst gewählten und didaktisch inszenierten Konfrontation mit Fremdheit. Schüler werden zum Innehalten aufgefordert und mit einer *Sache* in Kontakt gebracht, die ihre eigene *Person* und Lebenswelt radikal übersteigt und hinterfragt, eine Sache, die auf den ersten Blick befremdend ist. Sie werden zu Betrachtung oder Kontemplation verleitet. Der Lehrer hält bewusst die Zeit an und verflüssigt auf kreative Weise eine alte Ansicht, eine alte Geschichte oder ein altes Denkschema. Mit *alt* meine ich hier nicht aus lang vergangenen Zeiten, sondern gediegen oder … elementar! Die Kunst besteht darin, das Verlangen von Schülern zu wecken und Verbindungen mit ihren Vorkenntnissen und Interessen zu schaffen. Dafür muss auf den ersten Blick nichts „Weltbewegendes" passieren. Der Lehrer besitzt Wissen über seinen Stoff und seine Schüler. Er ruft nicht fortwährend „Los weiter!", sondern eher „Stopp!" und öffnet dadurch einen Lernraum, in dem das Geheimnis des verbindenden Lernens stattfinden kann. „Schau noch einmal genau hin und urteile nicht voreilig. Öffne Deine Sinne und bewege Dich aus eigener Kraft heraus. Überlege gemeinsam mit Deinem Sitznachbarn, was Du meinst, was Du siehst und welche Auswirkungen dies auf Dich hat. Welche Energie entsteht aus der Begegnung zwischen Dir, Deinem Sitznachbarn und dem Lernstoff? Welche verschiedenen „Schichten" entdeckt Ihr in Eurer Betrachtung?"

Es gibt eine Menge von Arbeitsformen – Methoden der Verflüssigung –, die diese didaktische Verlangsamung bewerkstelligen können. Eine Bildmeditation zum Beispiel hilft bei der vordergründigen Beschreibung der Elemente des Bildes, aber dringt auch noch tiefer zu den Gegensätzen in den Farben, Personen und/oder Figuren in dem Bild und noch tiefer zu der Deutung, bzw. zu dem Sinn, der in der betrachtenden Person hervorgerufen wird, vor. Ein Film oder ein Roman können Lebensfragen wachrufen. Musische Expression (Musik, Tanz, Schauspiel / Theater und bildende Kunst) kann ursprünglich komplexe Inhalte dekodieren und für den interspirituellen Dialog öffnen. Zugegeben, es gibt oft wenig Zeit für derart anschaulichen Unterricht. Das laute Lesen eines literarischen Textes zum Beispiel, das Singen eines Liedes, das Spielen eines Dialogs braucht Zeit, aber es bewirkt im Gegenzug eine sonst nicht mögliche Tiefgründigkeit. Solche Aktivitäten regen die Phantasie der Teilnehmer und Zuhörer an und werden zu Inspirationsquellen. Fremdheit wird *produktive Fremdheit*, sie setzt etwas in Bewegung. Wie bereits erwähnt: *less is more*, es ist mehr Lernzeit für weniger Lehrstoff nötig. Erstaunlich fand ich die Erfahrung, dass meine Studenten von der Tiefe eines auch für sie fremden Textes des deutschen Theologen Karl Rahner aus den sechziger Jahren überrascht waren, nachdem sie nur einige Sätze langsam und laut gelesen, reflektiert und darüber miteinander kommuniziert hatten. Ich denke, dass ein bewusst gewählter Moment der Konzentration am Beginn einer Stunde oder bei bestimmten Vertiefungsaufgaben innerhalb der Stunden seine Früchte trägt. Eben mal kurz um Stille und Einkehr bitten hilft beim Vertiefen der Aufmerksamkeit.[4] Die Fremdheit des Stoffes fällt dann zu Recht nicht auf dürren unfruchtbaren Boden, sondern stößt auf Empfänglichkeit. Eine Garantie hierfür besteht allerdings nicht.

Pilgernd lernen

Die zwei oben genannten Bewegungen zur Verlangsamung des Unterrichts können meiner Meinung nach auch zusammen vorkommen. Das Thematisieren der in der Klasse durchbrechenden Perplexität und die Konfrontation mit neuen Inhalten, die ein anderes Licht auf das Bestehende werfen, können Hand in Hand gehen. Das Eine trägt zum anderen bei. Wenn Raum für einen ehrlichen Dialog über die eigene Ratlosigkeit vorhanden ist, wird Fremdheit zugelassen und neue Gedanken und Praktiken können mitspielen. Darüber hinaus kann der Lehrer in einer Situation von Perplexität auch selbst um Bedenkzeit bitten, sodass er in der folgenden Stunde neue und befremdende Unterrichtsimpulse einbringen kann, um den Dialog produktiv zu verschärfen und zu vertiefen.

Es gibt ein Bild, welches für mich in diesem Zusammenhang wertvoll ist, nämlich das des Schülers als Pilger.[5] Wer auf Pilgerfahrt geht, nimmt sich Zeit, um Einsicht in die Tragweite der eigenen existentiellen Fragen zu bekommen. Der Pilger weiß nicht direkt, was er sucht, aber er hofft, unterwegs Klarheit zu finden. Er wird getrieben durch ein Knäuel der Sehnsucht, das um Auflösung bittet. Er ist auf der Suche nach Selbsterkenntnis und Lebensweisheit. Auf seinem Weg kommt er Dämonen und Engeln entgegen, verborgenen und offenen Verführern, die ihn vom rechten Pfad – dem der Selbsterkenntnis – abbringen wollen. Manchmal ist er schlichtweg perplex von der Komplexität des Daseins und braucht Mitreisende, um die Situation zu entschärfen, eine neue Perspektive zu finden und wieder weiterzuziehen. Er geht mit einer empfänglichen und offenen Haltung durch das Leben, offen für das, was der Alltag ihm zu bieten hat. Der Pilger unterscheidet sich radikal vom Touristen, jemandem, der fremde Orte konsumiert und fremde Menschen erforscht – und beide auch noch fotografiert –, in der Funktion der eigenen Selbstentfaltung: „Wie werde ich hierdurch besser und welche Auswirkungen hat diese Reise auf meine persönliche Entwicklung?" Aus den Reiseberichten von Pilgern habe ich gelernt, dass viele von ihnen den notwendigen Schritt vom Touristen zum Pilger bewusst lernen mussten. Anfänglich hatten sie hohe Erwartungen an die mentale, spirituelle und religiöse Wandlung, die der Pilgerweg für sie bringen würde, aber sie sahen in einem spezifischen Moment ein, dass die Wandlung nicht vorherzusehen war, dass etwas total Fremdes und Differentes auf dem Weg stattfinden konnte, etwas, das anfänglich ganz und gar nicht in das eigene Denkschema passte, aber später zu einer Umformung des ganzen Schemas beitrug.

Auf der Pilgerfahrt wird man durch Begegnungen mit Menschen und Orten, mit völlig neuen und überraschenden Bedeutungen und Erkenntnissen konfrontiert. Die pädagogische Fremdheit ist produktiv anwesend, zumindest insofern der Pilger sich für empfänglich für diese neue Erfahrungen erklärt und sich ihnen öffnet. Der Lehrer, der diese Art des Lernens begleitet, fordert seine Schüler auf, den Kopf nicht hängen zu lassen, bringt sie bewusst auf „saftige Weiden" und konfrontiert sie mit noch nie dagewesenen Aussichten. Zudem lädt er die Schüler ein, fortwährend mit Mitreisenden ins Gespräch über die Alltäglichkeit des Weges, über die Dämonen und Engel, über die Momente von Ratlosigkeit, welche um die Ecke warten, zu treten. Er hält die Schüler auf dem Pfad der Selbsterkenntnis, erlaubt nicht, dass sie in ihrer Konzentration nachlassen und sich auf allerlei Abwege begeben. Er hält sie auf dem Weg der Unterrichtstunde, weil genau darin Tiefgründigkeit und Weisheit zu finden sind. Er lehrt sie, unterwegs zwischendurch auch nach Hause zurückzukehren. Er lehrt sie die „Tugend des Askese", den „Eid von Stabilität"[6] oder Selbstvertrauen, indem sie sich nicht in schnelle Entspannung oder unreflektierte Urteile flüchten, sondern standhaft in Kontakt mit sich selbst, mit Anderen und mit der Wahrheit bleiben.

Durch das Gehen des Weges entfaltet sich die Einsicht. John Dewey nennt dies *learning by doing*: Nur durch effektives „in-die-Praxis-gehen" und „die Schritte der Praxis einer nach dem anderen vollziehen" kann Einsicht entstehen. Wenn man sich einer bestimmten Praxis widmet, wird man Experte dieser Praxis und lernt gleichsam, sich allmählich den fundamentalen theoretischen Mustern und Schemata dieser Praxis anzuvertrauen. Verlangsamung ist in diesem Prozess entscheidend. Ich habe viele Berichte von Pilgern auf dem Weg nach Santiago de Compostella gelesen und immer wieder bemerkt, wie stark die Betonung auf dem bewusst langsamen und bedächtigen Zurücklegen des Weges liegt. Ihr Lernen ist rein betrachtend. Der Pilger bringt seinen Körper bewusst in Position, verlangsamt und intensiviert seinen Schritt, wird still und lässt die Eindrücke auf sich wirken. Er wird frei vom Druck, in dem Sinne, dass er sich fragt, ob er seine Schritte in die Erde drückt oder ob die Erde gegen seine Fußsohle drückt, er wird eins mit dem Weg.[7]

Frei werden *von* Ballast und frei werden *für* produktive Fremdheit, oder mit anderen Worten, das alte Chaos hinter sich lassen und sich für eine neue Ordnung öffnen, das ist es, was auf dem Pilgerweg geschieht. Es spricht für sich, dass dies kein einsames Abenteuer ist: Neue Bedeutungen entstehen durch das gemeinsame Gehen des Weges mit Anderen, in Solidarität und Verbindung, und in genauem Zuhören, wie Andere „Zuhause-unterwegs-sind". Neue Erfahrungen regen dazu an, altherge-brachte Deutungsmuster zu überarbeiten. In der Kommunikati-on mit Reisegefährten bekommt der Pilger die Möglichkeit, die Wahrhaftigkeit der neu gefundenen Einsicht zu testen. Er wird er selbst, als Lernender unterwegs im eigenen Dasein, indem er sich mit und zu etwas Anderem verbindet. Dass Kommunikati-on notwendig ist, um zu lernen, spricht für sich. Dass der Inhalt der Kommunikation nicht notwendigerweise feststehen muss, sondern überraschend sein kein, ist viel weniger selbstverständ-lich. Der Pilger hat die Wahl, ob er sich dem Weg und seinen Überraschungen anvertraut.

3. Inspiration

Mit der Metapher des Pilgers sind wir bereits beim Thema In-spiration angelangt. Es ist eine Metapher für Erwachsene: Kinder pilgern nicht, sie machen höchstens einen Ausflug. Jugendliche sind dafür schon sensibel, aber haben buchstäblich ein „auf-die-Sprünge-Helfen" nötig. Pilgern ist eher eine Option der Erwach-senen und verlangt einige Lebenserfahrung oder den Blick auf den eigenen „Stand-Punkt". Der Pilger kennt seinen inneren Antrieb, auch wenn dieser vielleicht nicht vollkommen ist, und macht sich bewusst auf den Weg. Es gibt zwei schöne Bilder, die, was das Prinzip der Verlangsamung betrifft, besser an die Welt von Kindern und heranwachsenden Jugendlichen anschließen, das Daumenlutschen und das Tagträumen.

Daumenlutschen

Der niederländische Jugendbuchautor Guus Kuijer, der auch schon im vierten Kapitel genannt wurde, hat eine eindringliche Analyse vom kindlichen Daumenlutschen und von den hartnäckigen Versuchen Erwachsener, es den Kindern abzugewöhnen, gemacht.[8] Wenn Kinder sich mit dem Daumen im Mund zurückziehen, bedeutet das laut Kuijer, dass sie lernen. Sie verarbeiten dann die Eindrücke, die auf sie zukommen, sie bitten um Bedenkzeit, sie wollen sich isolieren, um mit dem Neuen ins Reine zu kommen, das in ihren Denkschemata einen Platz bekommen muss. Das Bild des Daumenlutschers steht nach Kuijer als Symbol für jedes Kind, das nach Pause und Respekt von den Erwachsenen fragt, um zu lernen, um nachzudenken und langsam, aber sicher in einer Welt von Unterschieden ein Zuhause zu finden.

Was beabsichtigen Erwachsene damit, Kindern diesen Freiraum zu verwehren? Warum verwenden sie allerlei pädagogische Tricks, um Kinder zum Erwachsensein zu führen, in die Phase von „aberzogener Kindheit"?[9] Warum wollen sie Kinder „großziehen, indem sie sie klein halten" (Lea Dasberg) und das am liebsten so schnell wie möglich? Kuijer ist resolut: Weil Erwachsene Angst vor der anarchischen Lebenswelt von Kindern haben, weil sie lieber eine hierarchische Einheitsvision von einer in gut und schlecht geteilten Welt vermitteln, weil sie Angst vor der Fremdheit haben, die das Kind in ihnen wachruft und die nicht in das eigene Muster zu passen scheint, das sie für sich selbst kreiert haben. Und mit dem polnischen Pädagogen Janusz Korczak folgert Kuijer: „Wir geringschätzen die heiligen Augenblicke, in denen das (Kind) mit sich selbst, Gott und der Welt im Gespräch ist, doch womöglich müssen wir selbst zugeben, dass wir selbst sehr Angst davor haben."[10]

Tagträume

Der niederländische Pädagoge Jan van Spaendonck hat eine eindringliche Analyse von der Wohltat des Tagträumens in der Entwicklungsdynamik pubertärer Jugendlicher durchgeführt.[11] Durch das Versinken in Träume erkunden sie ihre Möglichkeiten, positionieren sie sich in ihrer Umgebung, lernen sie, wer sie sind und was ihre Bestimmung ist. Sie benötigen Abschirmung, einen Ort der Geborgenheit, als ob „sie zu fühlen scheinen, dass eine Wachstumsphase Zeit braucht und [sie] setzen ihre Ideen über sich selbst noch nicht der Konfrontation mit der Außenwelt aus" – die ihnen zu einfache Lösungen in Form von Relativismus oder Fanatismus vorstellt. Überhaupt ist Mut notwendig, die eigene Phantasie ernst zu nehmen, denn man wird dann vor die Wahl gestellt: „Dieses Selbstbild annehmen oder verwerfen, mit diesem Traum abschließen oder nicht?"[12] Vielen Jugendlichen gelingt es relativ gut, diese Identitätsentwicklung sinnvoll, spielerisch, mit Hinfallen und Aufstehen oder durch Versuch und Irrtum zu bewältigen. Einige Jugendliche scheitern jedoch: Es wird insgesamt zu viel von ihnen gefordert. Sie beißen sich an bekannten und vermeintlich verbindlichen Lebensmustern fest oder stürzen sich in Unterhaltung – um nicht nachdenken zu müssen.

Kinder und Jugendliche haben das Recht auf fruchtbare Momente des Lernens in der Tiefgründigkeit, auf eine bewusste Verlangsamung des Lernprozesses, sodass sie sich über ihren Standpunkt „wundern" und erforschen können, wie die Reise weitergeht. Auch der Pilger ist bereit, sich auf seinem Weg überraschen zu lassen, seinen Standpunkt neu zu bestimmen und daraus neue Schlüsse zu ziehen. Er entscheidet sich vielleicht bewusst dazu, aber auch bei ihm ist von kindlicher Verwunderung die Rede. Und auch er bittet, wie das daumenlutschende Kind und der tagträumende Teenager, bei der Verarbeitung des Prozesses in Ruhe gelassen zu werden. Er möchte ebenfalls den fruchtbaren Moment des *Lernens unterwegs* nicht missen, sondern diesen im Hinblick auf seine spirituelle Entwicklung in vollen Zügen auskosten. John Dewey ist der Meinung, dass nur wenige Erwachsene zu diesem Prozess des „Lernens-durch-Betrachtung" oder „Lernens-in-Verwunderung" kommen. Viele gehen auf Reisen, aber wenige lassen sich spirituell verführen. Er meint, dass diese Kompetenz zur Verwunderung (welch ein Paradox!) von Erwachsenen aufs Neue gelernt werden muss: „Few grown-up persons retain all of the flexible and sensitive ability of children to vibrate sympathetically with the attitudes and doings of those about them. (...) With respect to sympathetic curiosity, unbiased responsiveness, and openness of mind, we may say that the adult should be growing in childlikeness."[13]

Ich schließe diesen inspirierenden Teil mit einer kleinen „Bitte" von Huub Oosterhuis. Sie gilt dem Lehrer, der Raum für daumenlutschende Kinder, tagträumende Jugendliche und pilgernde (junge) Erwachsene schafft – und der selbst um einen Augenblick der Verwunderung bittet, damit das Wunder des Lernens in seiner Klasse geschehen kann.

Wecke meine Milde wieder.
Gib mir die Augen eines Kindes zurück.
Dass ich sehe, was ist.
Und mich anvertraue.
Und das Licht nicht hasse.

Huub Oosterhuis (Übersetzung Carolin Vehr)

4. Herausforderung

Am Ende dieses Kapitels stellt sich die Frage, ob diese Vorgehens-
weise des betrachtenden oder pilgernden Lernens in der Schule
heutzutage überhaupt denkbar und machbar ist. Mit anderen
Worten, ob wir imstande sind, pädagogisch anders zu denken
und zu handeln als nach dem Schema einer Gesellschaft, die
durch schnelllebige Impulse von Markt und Medien beherrscht
wird. Fakt ist, dass in der Schule „Kuschelpädagogik" stattfindet:
Schüler werden mit allerlei „flotten" didaktischen Methoden und
Werkzeugen, die an ihre Lebenswelt anschließen, herangeführt,
die imaginäre Ziellinie doch zu überschreiten und sie extrinsisch
für Standardeinsichten- und -praktiken zu motivieren und zu
gewinnen, die letztendlich nicht ihren eigenen Ansichten und
Haltungen entsprechen. Sie werden in die Grundhaltung des
„schulischen Konsumierens", in den bildenden Tourismus und
die postmoderne Gier eingeführt – und dieser Prozess schließt
nahtlos an die Erwartungen an, die die Gesellschaft an ihre zukünftigen Bürger stellt.[14] Schüler konzentrieren sich nicht, weil
sie selbst in der Schule abgelenkt werden. Sie verlieren schon früh
die Gabe der Verwunderung, weil die Schule sie anstelle von
Wundern mit Problemen konfrontiert.

Junge Menschen haben das Recht auf Momente der Verwunderung. Sie sind die Träger der Zukunft. Sie haben das Recht
auf eine Aufklärung der heutigen Perplexität sowie auf Freiraum,
um neue Horizonte für morgen zu erkunden. Empfänglichkeit
für das, was kommen kann, können wir ihnen als Lehrer nicht
beibringen. Diese Gabe wird ihnen zuteil. Es sind eher wir als
Erwachsene, die als Zeugen davon lernen können. Dies ist meine
feste Überzeugung: Das Einzige, was der Lehrer tun kann, ist
Zeit – vor, während und nach dem Lernprozess – zu schaffen,
damit das Geheimnis der *Über-Gabe,* aber auch der *Hin-Gabe*

junger Menschen an und für die Zukunft stattfinden kann. Nicht immer und überall, aber immer wieder, notgedrungen kurz – und auf jeden Fall im Alltag der Klasse …

Kapitel 6

Aneignung

Für die letzten beiden Kapitel oder „Szenen" dieses Buches schlage ich eine Veränderung des „Bühnenbildes" vor. Ich lade Sie ein, die hektische Welt des Klassenzimmers zu verlassen, selbst langsamer zu werden und die Weite des offenen Raums zu suchen. Auf der Wiese blüht die *Euphrasia* oder der steife Augentrost, eine Blume mit einer heilenden Kraft bei Augenerkrankungen. Der Name dieser Blume weist aber auch auf etwas anderes hin: Sie bietet Trost für die Augen.[1] In der Weite der Natur weist sie auf eine Erweiterung des Horizonts, auf „ent-fixieren" des erstarrten Blickes und auf das Lernen, dieselbe Realität mit neuen Augen zu sehen. Der Anblick einer Alpenwiese voller Kräuter und Blumen kann entzücken, aber auch zur Regenerierung beitragen. Die Welt ist hier oben anders, als wir sie uns im Alltag des Tales vorstellen können. Ebenso ist es mit unseren Augen: Sie sind gekennzeichnet durch die Kultur des Bildes. Wir nehmen die Wirklichkeit durch Bildschirme reduziert wahr. Unser Blick ist begrenzt und engstirnig, unsere Wahrnehmung wird strapaziert und unsere Ansichten sind oft nicht unsere eigenen. Diese entkommen uns, wenn wir uns wieder dem Wahn des Alltags in Gestalt von Fernsehen und Internet ergeben. Unsere Augen verdienen es, „getröstet" zu werden. Den Blick bewusst von dem abwenden, was auf den ersten Blick bekannt ist und sich der Richtung des Horizonts zuwenden, erfordert Zeit und Konzentration, bietet aber auch Trost. Dies betrifft ebenso den ultimativen Horizont unseres pädagogischen und didaktischen Handelns. Wenn man wirklich erfahren möchte, womit man als

Lehrer beschäftigt ist, muss man Abstand nehmen, den Computer ausschalten und einen Spaziergang durch die Wiesen, Felder und Wälder unternehmen. Nur dann offenbart sich der wirkliche Horizont der pädagogischen Arbeit: dass man als Lehrer etwas zur Persönlichkeitsbildung der Kinder und Jugendlichen, die einem anvertraut sind, beiträgt. Diese Erkenntnis bietet Trost an guten wie auch an schlechten Tagen.

1. Praxis

Durch die Diagnose und Organisation des Klassengeschehens, die Elementarisierung des Lehrstoffes während der Vorbereitung, die Kommunikation während des Lehrprozesses und durch die tiefgründige Aufmerksamkeit für die echte Lernzeit der Kinder und Jugendlichen kann der Lehrer immer mehr er selbst werden: Jemand, der den Schülern in der Entdeckung der Welt vorangeht, der sie auf das Leben vorbereitet, sie dafür schult und der es ihnen ermöglicht, zu sich selbst zu finden. Der Lehrer als Begleiter weist den Weg, er weist nicht den endgültigen Weg, sondern einen möglichen Weg zu menschlichem Glück. Ob der Schüler dies bestätigt, den Wert davon schätzen kann, sich darauf einlässt, sich davon abwendet, einen anderen Weg wählt oder die Wahl hinausschiebt, liegt nicht in der Macht des Lehrers. Der Lehrer denkt und der Schüler lenkt. Allmählich gibt der Lehrer den Lernprozess mehr und mehr aus den Händen. Die beiden letzten Stufen dieses Buches befinden sich auf der gegenüberliegenden Seite der didaktischen Planung und deren Umsetzung durch den Lehrer. Sie vollziehen sich im *Jenseits* des lernenden Menschen, der in seiner Alterität durchaus einzigartig ist und nicht in pädagogische und didaktische Schemata – egal wie gut sie auch gemeint sind – gepresst werden kann.

Was jemand während oder nach Ablauf eines Lernprozesses wirklich lernt oder gelernt hat und was jemand mit anderen Worten, als man sie selbst gewählt hat, festhält, ist schwer festzustellen. Natürlich können Tests und Hausaufgaben helfen, Leistungen zu messen, aber messen sie auch, ob und wie der Stoff zur Persönlichkeitsbildung des Schülers beigetragen hat? Wissen wir als Lehrer dann mehr über die eigentliche Aneignung der *Sache* in der *Person* und über das Leben des Schülers? In der Spalte c des Schemas über die Elementarisierung in Kapitel 3 wird nach dem Lernprozess die Frage gestellt: „Was haben wir gelernt?" Hierauf sind sachliche Antworten möglich, die überprüft werden können. Aber die Frage ist, ob diese auch „hängen bleiben", ob sie in der Person des Lernenden kristallisiert sind und ob sie sich transformativ auf neue Situationen anpassen lassen. Mit anderen Worten: „Ist das erworbene Wissen auch zu angeeigneter „Weisheit" geworden?" Noch einmal soll erwähnt werden: Das Einzige, was der Lehrer selbst unternehmen kann, ist, dafür zu sorgen, dass der Stoff handhabbar, gut elementarisiert und geplant sowie mit anregenden Impulsen aufbereitet ist, welche die Motivation und das Interesse der Schüler wecken und den Moment des fruchtbaren Lernens ermöglichen. Der Rest ist ein Geheimnis, welches für die didaktische Analyse und Intervention unzugänglich bleibt.

Auch der deutsche Dichter Rainer Maria Rilke spielt mit der Metapher des Baumes, wie ich es in den vorherigen Kapiteln bereits gemacht habe. Ich möchte ihn hier ebenfalls hinzuziehen. Rilke ist der Ansicht, dass die Fragen des Lebens besser selbst erlebt als analytisch durchdacht werden können. Viele Dinge müssen einfach wachsen, und man kann ihren Ablauf nicht beschleunigen, indem man immer wieder darüber nachdenkt. Es ist eine Frage von Reifen:

„Da gibt es kein Messen mit der Zeit, da gilt kein Jahr, und zehn Jahre sind nichts. Künstler sein heißt: nicht rechnen und zählen; reifen wie der Baum, der seine Säfte nicht drängt und getrost in den Stürmen des Frühlings steht ohne die Angst, dass dahinter kein Sommer kommen könnte. Er kommt doch. Aber er kommt nur zu den Geduldigen, die da sind, als ob die Ewigkeit vor ihnen läge, so sorglos still und weit. Ich lerne es täglich, lerne es unter Schmerzen, denen ich dankbar bin: Geduld ist alles!"[2]

Ebenso ist es mit dem Lernprozess. Der Lehrer ist in der Nähe oder er sorgt für die Pflege des Baumes und das Umgraben des Bodens, aber dennoch steht der Baum tief verwurzelt und verankert in dem „heiligen" Boden. Welche Früchte der Wachstumsprozess hervorbringt, hängt nicht von der Pflege, die der Lehrer auf sich nimmt, ab, egal wie ehrlich er es auch meint. Die Fruchtbarkeit hängt von einem größeren Zusammenhang und einer größeren Verbindung ab, von etwas, das sowohl Menschen als auch die Lehrprozesse übersteigt. Ob es nun Gott oder das Schicksal ist, ist an dieser Stelle nicht von Bedeutung. Tatsache ist, dass nach dem Winter der Frühling und der Sommer kommen. Oder anders ausgedrückt: Der Winter des Lernens, die Dürre des Lernprozesses fragt nach Zukunft. „Wird es gelingen? Werden die Schüler etwas von dem mitnehmen, was der Lehrer ihnen zur Verfügung gestellt hat?" Das Paradox des Lernens ist, dass die Frage nach dem „Was *haben* wir heute gelernt?" immer wieder und unwiderruflich auf die Verantwortung des Lehrers verweist, der sich bei der Vorbereitung die Frage stellen muss: „Was *werden* wir heute lernen?", und dies zugleich überschreitet!

2. Theorie

Lernen kann man laut Hilbert Meyer weder sehen, noch riechen noch hören. Ein Lehrer hat lediglich eine begrenzte Sicht und einen begrenzten Einfluss auf das tatsächliche Lernen seiner Schüler: Er kann höchstens seine Unterrichtsstruktur an die voraussichtliche Lernstruktur der Schüler anpassen.[3] Es ist auffällig, dass gewissermaßen alle Konstrukteure von Fachdidaktiken hier an Grenzen stoßen, und es scheint, als würden sie jedes Mal wieder von vorne beginnen: Beim primären Prozess der Vorbereitung, des Unterrichtens und der Nachbereitung sowie beim Lehrer selbst als Organisator dieses Prozesses. In diesem theoretischen Teil beschreibe ich kurz die Didaktik des „partizipativen" Lernens als einen möglichen Zugang, das Lernen junger Menschen besser zu verstehen. Gleichzeitig versuche ich aufzuzeigen, dass diese Art des Lernens an einer größeren Wirklichkeit partizipiert, die den lernenden Menschen selbst übersteigt. Lernen als aktive Identitätsentwicklung der Person ist zugleich auch ein passives Entdecken und Empfangen der Identität. Sie ist eine Gabe oder ein Geschenk. Damit ist der Lehrer gleichzeitig aktiver Organisator und passiver Zeuge dieses Prozesses!

Partizipative Identität

Die Didaktik des partizipativen Lernens[4] geht davon aus, dass Kinder und Jugendliche an bedeutungsvollen Praktiken teilnehmen. Diese wirken für das eigene Leben richtungweisend: Kinder eignen sich aufgrund ihrer eigenen Identitätsentwicklung solche Praktiken persönlich an. Sie „ko-kreieren" die Wirklichkeit. Eine Praxis hat vier Merkmale: Sie ist bedeutungsvoll, vermittelnd, entwicklungsorientiert und sozial verankert.[5] Am Beispiel des Lernens von „Fußball spielen" erläutere ich kurz diese vier Elemente.[6]

Der Mensch lernt durch Handeln. Durch das eigene Engagement in einem bestimmten Handlungsfeld lernt der Mensch *bedeutungsvoll* zu handeln. Nun ist es so, dass der Mensch durch Übung nicht nur die Technik der Handlung meistert, sondern auch allmählich einen Einblick in die jeweiligen Regeln, die eine Handlung ermöglichen, und in die Gründe, die zur Rechtfertigung dieser Regeln herangezogen und aufgezeigt werden, erhält. In drei Stufen – nämlich durch „practices, rules for practices and reason for rules" lernt der Mensch, sich bedeutungsvolle Praktiken anzueignen und sie zu internalisieren.[7] Konkret bedeutet dies: Wer Fußball spielen lernt, übt sich darin, die Technik des Spiels zu meistern, aber er lernt ebenfalls die Regeln des Spiels (zum Beispiel, dass bei diesen „Handlungen" keine Hände erlaubt sind) und die Gründe der Regeln (beispielsweise, dass minimale Absprachen notwendig sind, um das Spielen mit einem Gegner umgänglich zu gestalten und überhaupt zu ermöglichen).

Dieses Lernen ist durch eine Diskursgemeinschaft, die Menschen in die Würde und Wertigkeit solcher Praxis einweiht, *vermittelnd*. Durch eine „dynamische Einführung in Selbstverständlichkeiten"[8] macht die Gemeinschaft ihre neuen Mitglieder auf den regelgeleiteten und verbindlichen Charakter der Praktiken aufmerksam, die für das Fortbestehen des Spiels von großer Bedeutung sind. Junge Menschen passen sich der Gemeinschaft an und üben sich in der Weiterentwicklung der Praktiken oder dem Spiel der Gemeinschaft. Sie schließen sich einem Fußballverein an, lernen dort die Techniken und die Regeln des Spiels sowie das Spielen selber; ebenso lernen sie das Spiel zu verfeinern und auch in Wettbewerben mitzuspielen. Durch ihre aktive Teilnahme werden sie zu Experten im Spiel und als solche sind sie beauftragt und dazu in der Lage, die Spielregeln an die zukünftigen Generationen weiterzugeben.

Das didaktische Konzept ist *entwicklungsorientiert*. Kleine Kinder können den regelgeleiteten Charakter von Handlungen noch nicht wahrnehmen und benennen sowie die Gründe dafür angeben und nachvollziehen. Sie spielen beim Fußball nur mit, weil sie es einfach schön finden. Erst später spielen für sie in diesem edlen Spiel die Regeln, kollektive Absprachen und Zusammengehörigkeitsgründe (wie zum Beispiel, dass man durch Pässe an andere Spielkameraden meistens mehr erreicht, als alleine auf das Tor zuzustürmen) eine Rolle. Im Spannungsbogen Praktiken – Regeln – Gründe gibt es eine Entwicklung: Kleine Kinder können noch keine kritischen Bemerkungen über die Gründe der Regeln machen, sondern spielen, wie bereits erwähnt, einfach nur das Spiel. Jedoch erhalten sie durch das Spielen des Spiels selbst einen Einblick. Jugendliche und Erwachsene lernen in und durch das Spiel auch die Regeln und deren Gründe, sie lernen kritisch abzuwägen und darüber mit anderen zu kommunizieren, die eventuell andere Meinungen vertreten.

Letztlich geschieht das partizipative Lernen nicht allein, sondern ist *sozial verankert*. Zunächst hat Dich jemand eingeladen mitzumachen. Jemand hat Dich von dem Sinn der Handlung überzeugt, indem er es Dir vorgemacht hat und Dir gezeigt hat, welchen Einfluss eine Handlung auf den Menschen haben kann. Dann wirst Du Teilnehmer der Lerngemeinschaft dieser Person. Du hast Dich ihm anvertraut und beginnst, Dich auf seine Expertise zu stützen und auf dieser Basis weiterzubauen, um Deine eigene Geschichte zu schreiben. Das Fußballspielen lernt man und findet dadurch statt, dass es mit Freunden zu Hause, in der Schule oder in einem Verein gespielt wird. Sinnvolle Praktiken gehören zu einer Gemeinschaft, in der die Praktiken kultiviert, gepflegt und bedacht werden. Sie sind in den Diskurs der Gemeinschaft eingebettet und erhalten daraus ihre Aussagekraft und ihren Wahrheitswert. Lernen ist per Definition ein soziales, zwischenmenschliches und generationenübergreifendes Geschehen: Jung und Alt lernen von-, an- und miteinander, sie lernen durch den Umgang mit den bedeutungsvollen Anderen. So erleben sie Gemeinschaft: Als Quelle (woraus) und als Horizont (wohin).

Gereifte Identität

Partizipatives Lernen – sich eine Praktik aneignen und sich Raum schaffen, um kreativ und persönlich mit dieser umzugehen (wie ein Jazzmusiker im dritten Kapitel) – „fällt nicht einfach so vom Himmel". Dieses Lernen findet immer mit konkreten Menschen statt, die sich mit solchen bedeutungsvollen, regelgeleiteten, entwicklungsorientierten und sozial verankerten Praktiken auseinandersetzen. Es sind freie Menschen, die sich darauf einlassen und dann Entscheidungen treffen. Was jemand letztendlich lernt, kann die Lerngemeinschaft mit ihren regelgeleiteten Praktiken nicht festlegen. Was der Schüler mit der Tradition macht, wie er in der weiteren Entwicklung oder in der Kritik der Tradition ein Experte wird, kann der Lehrer vorab nicht bestimmen. Menschen bleiben während des Partizipationsprozesses frei, um sich die Praktiken, in denen sie mitgewirkt haben, auch wirklich aneignen zu können. Im Folgenden werden einige Momente der persönlichen Aneignung näher betrachtet.

Partizipieren ist, wie bereits erwähnt, ein entwicklungsorientierter und darum auch ein dynamischer Prozess. Ein lernender Mensch vertieft immer wieder den Umgang mit Praktiken und Regeln und er wird versuchen, diese in Worte zu fassen und ihre Gründe in der Anwesenheit von sinnvollen Anderen zu vertreten. Eine Person, die sich Wissen aneignet, wägt ab, lässt los, hält fest und überprüft, was Ballast darstellt und was für die Zukunft fruchtbar sein kann. Krisenmomente spielen eine große Rolle: Sie weisen auf Kreuzungen in der Entwicklung – ob etwas vorbei ist und nicht mehr als bedeutungsvoll oder angemessen gelten kann und ob das Neue gerade in diesen Krisen sich durchzusetzen beginnt. Dies geschieht bei einem kleinen Kind, bei einem heranwachsenden Jugendlichen, bei Erwachsenen und Senioren, ein ganzes Leben lang. Die eigene Lebensbestimmung finden und sie vertiefen ist ein lebenslanger Lernprozess. Die Aneignung als nach-Hause-zurückkehren-aus-der-Entfremdung in *das eigene Ich* endet nicht.

Wenn man noch einen Schritt weitergeht, kommt man zu folgender Erkenntnis: Keiner kennt seine eigene Zukunft oder Bestimmung. Wir lernen schrittweise, hoffend auf genügend Licht für den nächsten Schritt. Niemand kann alles überblicken. Wer ich *später* einmal sein werde, bleibt im *Jetzt* noch ein Mysterium. Was man als Mensch durch verflüssigte Lernimpulse lernt, sammelt und aufbaut, wie dieses in der eigenen Person sedimentiert und erstarrt, kann niemand vorhersehen. Wenn man daher jemanden fragt: „Was hast Du heute in der Schule gelernt?", kann die Antwort *sachlich* sein (beispielsweise: ein Gedicht besprochen, ein Frage untersucht oder ein Problem gelöst). Dies bedeutet aber nicht, dass die Wirkung des Gelernten durch die *Person* eindeutig beantwortet werden kann. Die Wirkung zeigt sich erst später, wenn es das Leben durch neue Anpassungen und neue Situationen erfordert.

Außerdem können Menschen Fehler begehen und aus diesen Fehlern lernen: Durch Irrwege, beispielsweise durch die wissentliche Abwendung von sinnvollen Erkenntnissen und Bedeutungen. Dadurch, dass man die kollektive „Weisheit" der Lerngemeinschaft „in den Wind schlägt" oder sich in Regeln des Spiels oder in der Begründung der Regeln irrt, können Menschen sich verlaufen. Gleichzeitig besteht auch die geheimnisvolle Möglichkeit, wieder zur Erkenntnis zu gelangen, umzukehren und aufs Neue zu beginnen, einen neuen Weg zu gehen. Die Möglichkeit der Fehlbarkeit des Menschen, die Möglichkeit des bewussten Fehlverhaltens, weist gleichzeitig in die Richtung eines neuen Lebens. Für den jüdischen Pädagogen Hanan Alexander liegt hierin eine tiefgründige Weisheit verborgen: Jemand werden, beinhaltet kreative Aneignung von Wissen, aber ebenso aus Fehlern zu lernen. Auch dadurch vollzieht der Mensch eine Unterscheidung. Folgendes Zitat ist pädagogisch gesehen besonders „Augen-tröstend":

„Living up to an ideal was not the product of some external force, some hand other than my own; rather it was a result of a decision I made, a discipline I imposed upon myself, a behavior I learned to perform. There may have been other hands in the mix – parents, friends, teachers, lovers, even God. But all the help in the world could not force me to do good if I choose otherwise. In the final analysis, I was the one who measured up. What I do and think matters. I make a difference. I can make an impact on the world. When I stray from the path I believe to be right, even when the price is high and very little appears to be in my control, all is not lost. I can learn; I can return; I can repent; I can change (…). Not only do I matter; I matter just the way I am. This is the source of our deepest joy and greatest reason for celebration."[9]

Ein Mensch erlangt seine Identität durch Lernen und Partizipieren. Aber dieser Prozess des partizipativen Lernens selbst ist nicht planbar. Die Rahmenbedingungen und Voraussetzungen kann man planen, den Ablauf und die Einflüsse auf die Person des partizipativ Lernenden ist jedoch nicht vorhersehbar. Identität ist im Wesen immer eine gereifte Identität, stimuliert durch intentional beabsichtigte pädagogische Impulse, durch die Lerngemeinschaft angestrebt, aber vor allem im langsamen und lebenslangen Prozess der Aneignung durch die Person selbst herangereift. Ziel dieser Erziehung und Bildung ist nicht ein vollendetes Produkt, ein perfekter Mensch, sondern ein reifer Mensch, ein Mensch aus Fleisch und Blut, der für ein Ideal lebt, aber auch bereit ist, die Barrieren, die zum Ideal gehören, zu erkennen und zu überschreiten. Ich werde Jemand in der Begegnung mit Anderen und mit dem Blick auf ein Ideal, das nur mir gehört. Durch diese Aneignung im Fallen und Aufstehen vollziehe ich mit meinem einzigartigen Leben eine Unterscheidung. Bildung ist „Selbst-bildung".

In theologischer Perspektive könnte man an dieser Stelle über die *Seele* des Menschen sprechen: Die partizipative oder narrative Identität des Menschen, die zwar im erzählenden Umgang mit sinnvollen und inspirierenden Anderen entsteht, aber die letztendlich durch den Menschen selbst, in seiner Seele angeeignet und empfangen, erkannt sowie anerkannt und auch internalisiert werden muss. In der modernen Theologie wird der Begriff der Seele wie folgt umschrieben: „Die Seele der Person, oder die Person als Seele, stellt die Möglichkeit der Menschen dar, um in Beziehung mit ihrem Ursprung zu sein (…). Durch den Lebensatem (hebr. *nefesj* oder lat. *anima*) sind Menschen mit drinnen und draußen verbunden."[10] Die Seele ist ein „Grenzinstrument" zwischen mir selbst als entflammtes Inneres und meiner Lebensumgebung, zwischen wer ich bin und wer ich werden kann, zwischen heute und morgen, pilgernd auf dem Weg des Lebens. Die Seele ist auch ein „Abschlussziel" am Ende einer langen Reihe von Beschreibungen, wer ich bin, „der Punkt, von dem aus es möglich ist, sich (…) der Lebendigkeit, der Sterilität oder der Stagnation des realen Selbst bewusst zu werden."[11] Die Seele als „Grenzinstrument" hilft den Menschen, unterwegs die richtigen Unterscheidungen und Entscheidungen zu treffen, um mit sich selbst als *Lebensprojekt* oder *Mysterium* in Verbindung zu bleiben. Menschen haben das Gefühl, dass ihre Seele nicht wertgeschätzt wird, wenn ihnen die Möglichkeit genommen wird, verantwortungsvolle Entscheidungen im Rahmen ihres eigenen Lebensprojektes zu treffen. Erziehung und Bildung müssen Jugendlichen Durchsetzungsvermögen vermitteln, sodass sie aus eigener Kraft stehen können und sich wieder in ihrer Seele finden. Viele sind in ihrem Leben orientierungslos auf der Suche nach *soul food*. Bildung erneut zu definieren im Sinne von *Sorge für die Seele*, scheint mir eine spannende Angelegenheit zu sein. Das Ideal, das dahinter steckt, scheint unerreichbar, aber es scheint mir dennoch eine Überlegung wert zu sein.

Der Lehrer als Seiltänzer

Der Lehrer steht in diesem Zusammenhang vor der schwierigen Aufgabe des *Balancierens*.[12] Er weilt zwischen zwei Welten, einerseits die die Welt der Schule und der Gesellschaft, die ihn dazu beauftragt hat, Wissen zu vermitteln, sowie andererseits die Welt der lernenden Individuen, die mit diesem vorgegebenen Wissen kritisch und kreativ umgehen sollen, dürfen und teilweise auch umgehen müssen. Auf der einen Seite muss der Lehrer versuchen, die Ansprüche von Schule und Gesellschaft zu erfüllen, auf der anderen Seite muss er die Fragen der Schüler beantworten und auch deren Ansprüchen gerecht werden. Hier stehen die schulischen Normen und Bildungsstandards an erster Stelle, dort sind es die persönlichen Belange der Schüler. Dem amerikanischen Bildungsphilosophen David Hansen zufolge erfordern diese andauernden Abwägungen[13] eine starke und tragfähige Grundhaltung des Lehrers, die Haltung einer „tenacious humility"[14], einer beharrlichen Bescheidenheit. Inmitten der Ansprüche der Schule und der Gesellschaft behält der Lehrer hartnäckig stets *das Ideal der Bescheidenheit* vor Augen. Er ist kein Fachidiot, sondern einer flexibler Mensch, der mit Mensch und Materie, mit Person und Sache ringt. Genau in diesem „Ringkampf" kommt der wahre Lehrer ans Licht und wird zu einem Vorbild für den Schüler, der einen eigenen Weg zu gehen hat. Daher ist der Lehrer ein Seiltänzer, ein Gleichgewichtskünstler zwischen Person und Gemeinschaft, zwischen Festhalten und Loslassen, zwischen Alt und Neu, zwischen erstarrtem Wissen und dem „Verflüssigungs-Verlangen und -Vermögen" der zukünftigen Generationen. Am Ende des Schuljahres kommt immer wieder der schwierige Moment, in dem der Lehrer die Bildungsarbeit mit den Schülern abrundet und sie in die Freiheit und die Möglichkeit zur weiteren Entwicklung sowie zur persönlichen Entscheidung entlässt.

Dieses Ringen – als standhafte Persönlichkeit aufzutreten und gerade darin bescheiden zu bleiben – hört nie auf. Es ist ein wesentlicher Teil des Lehramts. Jeder, der sich Lehrer nennen will, muss lernen, hiermit umzugehen und sich diesbezüglich einen eigenen „Stand-Punkt" zu verschaffen. Auf diese Weise ist der Lehrer präsent und spiegelt seine Präsenz wider. So tritt er im Leben der jungen Menschen auf. Heutzutage entsteht allerdings eher die Frage, ob der Lehrer noch auf diese Weise auftreten kann und darf. Viele Lehrer klagen darüber, dass sie im Prozess der persönlichen Entwicklung der Schüler nicht mehr als Begleiter anwesend sein können oder dürfen. Sie sind Wissens- und Unterrichtslieferanten geworden, logistische Unterstützer fertiger Produkte, die so schnell wie möglich zu den richtigen Konsumenten gelangen müssen. Es kann eine weite Kluft zwischen dem wahren Selbst des Lehrers und dem, was Schule und Gesellschaft von ihm erwarten, bestehen. Viele haben dann das Gefühl, dem Institut zu dienen und nicht den Menschen, für die dieses Institut ins Leben gerufen wurde. Der Begriff *Ideal* oder *Präsenz* klingt in neueren Analysen der Bildungswirklichkeit sehr hart durch: befreit die „Bildungstiere" und gebt ihnen die Chance, an primären Prozessen von gutem Unterricht wieder *Lust* zu entwickeln.[15]

Lehrer wollen Schülern in Wissen und Lebenskunst weiterhelfen und ihnen mit dem Maß der Milde einen sinnvollen Weg zur

Menschwerdung weisen. Lehrer haben das Recht, in vollen Zügen in diesem spannenden, dialogischen und interspirituellem Prozess präsent zu sein. In einem fesselnden Artikel mit dem Titel „Presence in Teaching" sind Carol R. Rodgers und Miriam B. Raider-Roth der Meinung, dass in modernem Unterricht alles unternommen werden muss, damit Lehrer wieder einen Anschluss an ihre ursprüngliche Berufung finden können, bei Kindern und Jugendlichen pädagogisch anwesend zu sein.[16] Dabei sind drei Elemente von besonderer Bedeutung: Schülern helfen, ihre eigenen Ideen zu entwickeln, als Lehrer zeigen, dass man sich öffnet und auch selbst etwas dazulernen möchte, sowie sich trauen, zuzugeben, wenn eine Unterrichtsstunde nicht gelungen ist, weil keine gute Lernverbindung stattgefunden hat. Der Lehrer muss in der Klasse lebendig sein, balancierend zwischen Person und Sache. Er muss offen sein, für den spannenden Prozess der Elementarisierung, des Dialogs und der Verlangsamung, den Schüler auf seine Anregungen und Hinweise hin selbstständig angehen und durchführen.

An dieser Stelle sei wieder John Dewey zitiert. Das Zitat lasse ich hier in all seiner Deutlichkeit und Schärfe als Beschluss dieses Abschnittes stehen:

„The teacher must have his mind free to observe the mental responses and movement of the student. (...) The problem of the pupils is found in the subject matter; the problem of teachers is what the minds of pupils are doing with the subject matter. Unless the teacher's mind has mastered the subject matter in advance, unless he is thoroughly at home in it, using it unconsciously without need of express thought, he will not be free to give full time and attention to observation and interpretation of the pupils' intellectual reactions. The teacher must be alive to all forms of bodily expression of mental condition – to puzzlement, boredom, mastery, the dawn of an idea, feigned attention, tendency to show off, to dominate discussion because of egotism, etc. – as well as sensitive to the meaning of all expression in words. He must be aware not only of their meaning, but of their meaning as indicative of the state of mind of the pupil, his degree of observation and comprehension."[17]

Das Balancieren zwischen Sache und Person bleibt für den Lehrer eine spannende Aufgabe und ebenso ein lebenslanges spirituelles Ringen.

3. Inspiration

Wie Kinder aufwachsen, wie sie ungeachtet von Lehrplänen und Handbüchern lernen, wie sie in Beziehung zu einer inspirierenden Gesellschaft, zu einem Jemand werden – sich der Gemeinschaft anschließend oder aber von ihr abwendend –, ist und bleibt ein Rätsel. Dichter und Philosophen haben immer wieder versucht, diesen Prozess in Worte zu fassen. Aber das Geheimnis ließ sich nie ganz lüften, wie feinsinnig der Leseschlüssel auch ausgewählt war. Im nachfolgenden Gedicht von Anna Enquist[18] wird nach meinem Gefühl auf ausgezeichnete Weise die Befreiung eines Kindes aus seiner Erziehung dargestellt. Eltern haben das Kind ernährt und erzogen, aber nun scheint es seine eigene Mahlzeit hergestellt zu haben: „Ihr braucht nicht mehr für mich sorgen, ich kann es nun auch alleine." Die Zeit ist über den Befreiungsprozess hinweggegangen, ohne dass die Eltern es wirklich bemerkt haben. Das Verlangen des achtzehnjährigen Kindes, von zu Hause weg zu gehen, ist groß: „Was mache ich hier noch? Was hält mich noch hier?" Das Kind erfährt sich selbst als ein freigelassenes Kaninchen, das sich zwar frei bewegen darf, allerdings nur in den Grenzen des eigenen Gartens. Das reicht nicht mehr aus und erfüllt einen nicht hinreichend genug, das Vertraute wird radikal fremd. Die dritte Strophe beschreibt die Situation nach dem Abschied des Kindes. Das leere Nest ruft ein eigenartiges Gemenge aus Ohnmacht und Neuanfang hervor. Alles beginnt von vorne: Andere junge Eltern kündigen sich mit ihrem Kind in einem neuen Garten an. Das Paradox ist deutlich: Das Leben kann einen nicht festhalten, es kommt, geht und erneuert sich wieder. Eltern und Erzieher können nicht anders, als diese Lebenswahrheit festzustellen und zu akzeptieren, „den Spiegel wieder zu säubern", wie es in dem Gedicht heißt, und aufs Neue von vorne zu beginnen. Wo diese *lebensspendende* Dynamik herkommt, ist und bleibt ein Rätsel.

Das Rätsel

Die Zeit hat mich auf die Gartenbank gesetzt,
einen Lappen mit Seife in meine Hand gelegt. Als
ich einen Moment nicht hinsah, wurden aus Blüten Früchte,
waren die Weiden versilbert,
hat das Kind sich seine eigene Mahlzeit
zubereitet.

Er sieht uns beim Feigenbaum sitzen,
wir ließen das Kaninchen im Garten frei.
Das Kind ist nun achtzehn Jahre, wringt sein Herz
aus von lauter Verlangen und versteht nicht,
wie er hier bleiben kann, wie er sich von hier
gelöst hat.

Zerstöre die Hecke, zersäge den Stamm,
zertrete die Rosen, löse dich. Ich wische
den Spiegel wieder sauber: Neues Gras
mit gläsernen Blumen, junge Eltern
mit ihrem kleinen Sohn, durch Zeit nicht
berührt.

Anna Enquist (Übersetzung Carolin Vehr)

4. Herausforderung

Dieses hohe Ideal von der Erziehung hin zu einer Persönlichkeit ist sehr verletzlich. Viele sind der Meinung, dass die Schule sich von solchen hehren Zielen fernhalten müsse. Sie solle sich besser auf die Wissensvermittlung beschränken. Die mehr personengebundene Materie könne zu Hause in der Familie, bei Freunden oder in anderen Interessengruppen zur Sprache kommen, aber nicht in der Schule. Vertreter dieser Perspektive begründen, dass die Schule nicht für alles zuständig sein kann, was durch die Familie und die Gesellschaft getan werden muss. Die Schule steht hierbei nicht allein: Ob sie es nun möchte oder nicht, sie steht inmitten der Gesellschaft und von ihr wird gefordert, die Gesellschaft als Lebensraum zu gestalten und ihn zu schützen. Auch Themen, die nicht direkt von schulischem Belang sind, können in die Klasse eindringen und zu einem Gesprächsthema werden. Wie im dritten und vierten Kapitel beschrieben, bestimmen Schüler mit, welche Themen elementarisiert werden und im Dialog zum Zuge kommen.

Als bedeutungsvolle pädagogische Option haben wir bereits vorgestellt: „Lass sie reden"!

Themen wie politische Unruhen in Entwicklungsländern, internationaler Terrorismus, Globalisierung und Medien, Regierungsbildung und Skandale in der Kirche machen auch vor dem Schultor nicht halt. Sie schleichen sich in die Köpfe der Kinder und Jugendlichen ein, prägen und bestimmen so die Ordnung der Unterrichtsstunde.

Schulen sind notwendig, um die Gesellschaft an ihren immerwährenden Bildungsauftrag zu erinnern. Sie formen eine Brücke zwischen der Lebenswelt der Jugend und den konkreten gesellschaftlichen Lebenskontexten wie Arbeit, Familie, Freizeit und andere Bereiche.

„Die Schule steht nicht allein." Sie ist keine imaginäre Insel in einem imaginären Meer von Bedeutungen.[19] Sie ist parteiisch und äußert ihre Meinung, auch wenn sie behauptet, das nicht zu tun. Wertneutrale Wissensvermittlung gibt es nicht. Bildung ist nie vollkommen neutral, vor allem dann nicht, wenn behauptet wird, sie wäre wertfrei. Eine Gesellschaft, die behauptet, dass ihre Bildung wertneutral sei oder sein solle, ist in Gefahr. Wem wird dann die Persönlichkeitsbildung anvertraut?

Meiner Meinung nach ist es die Aufgabe der Schulen und der Lehrerausbildung, zukünftige und gegenwärtige Lehrer in ihrer Arbeit als „Persönlichkeitsbildner" zu ermutigen. Wie man es auch dreht und wendet, der Lehrer nimmt im Lebenslauf von jungen Menschen eine orientierende Funktion ein. Er kann in dieser Aufgabe der Begleitung nicht alleine gelassen werden, sondern verdient Unterstützung, gute Ausstattung und Respekt. In dem Maße, wie dieses Buch es fordert, tritt die erziehende Gestalt des Unterrichts mehr und mehr in den Vordergrund. Ich finde das sehr wichtig! Den Bildungs- und Erziehungsauftrag der Schule oder das „pädagogische Projekt" darf man nicht den Technikfanatikern überlassen. Er gehört in die Hände der Lehrer, in den primären Prozess des Schulalltags. Gerade darum muss das Thema der „Aneignung" zusammen mit dem letzten Thema „Menschwerdung" auch Gegenstand des Gesprächs unter (zukünftigen) Lehrern sein. Dass es sich in gutem Unterricht, in einer professionellen Vorbereitung, Organisation und Durchführung in der Klasse durchsetzt, ist schon ein Pluspunkt, mehr noch eine Voraussetzung. Die Tiefgründigkeit des Lernens muss nicht künstlich von außen herangetragen werden. Sie gehört radikal zum Lernprozess selbst.

Kapitel 7

Menschwerdung

Im letzten Kapitel werde ich die These begründen, dass das Handwerk des Lehrers nicht ohne Liebe auskommt, was übrigens auch für jedes andere Handwerk gilt! Ohne Liebe und Zuneigung besitzt der Beruf des Lehrers keine Sinnhaftigkeit und kann damit nicht angemessen ausgeübt werden. Wer Lehrer werden möchte, muss eine Berufung dazu haben oder zumindest bereit sein, dieser Berufung auf den Grund zu gehen. Andernfalls kann es einfach nicht funktionieren. Der Lehrer muss sein Fach und seine Schüler, die Sache und die Person lieben, darin aufgehen und sich selbst darin finden. Er muss für die Kinder und Jugendlichen eine fesselnde Welt öffnen wollen – unabhängig davon, ob es sich dabei um einen Einblick in den menschlichen Körper, um Rechnen oder Lesen, eine fremde Sprache, die eigene Spiritualität oder ein komplexes ethisches Problem handelt – und ihnen die Zeit und den Raum geben, dass sie ihren individuellen Möglichkeiten und Grenzen entsprechend in diese wundersame Welt eintauchen und sich wie zuhause fühlen können. Wer als Lehrer einmal die Leidenschaft für das Lernen von Schülern erfahren hat, wird auch eine Leidenschaft für Wissen entdecken, denn er möchte immer *passendes* Wissen elementarisierend zugänglich werden lassen, damit er den Schülern in ihrem eigenen Lernen weiterhelfen und sie unterstützen kann. Ein liebloser Lehrer, der das Fach und/oder die Schüler verwahrlosen lässt, sorgt für Verwirrung. Kinder können sich dann nicht mehr dem Lehrprozess anvertrauen, weil sie sich der Authentizität des Lehrers und der Glaubwürdigkeit seiner fachlichen Kenntnisse und deren Vermittlung nicht sicher sind.

1. Praxis

Wer mit dem Lehramtsstudium beginnt, ist immer voller Mut und guter Absichten. Ich denke, dass niemand bewusst ein schlechter Lehrer werden möchte. Dennoch kann es geschehen, dass sich reine Routine wie ein langsam wirkendes Gift in das Lehrersein einschleicht. Lehrer können für eine gewisse Zeit oder auch langfristig müde und ausgebrannt sein und sich überfordert fühlen. Der hier dargestellte Lehrprozess verlangt von Lehrern viel Einsatz und kann für angehende Lehrpersonen uferlos und nicht umsetzbar erscheinen. Aber auch diejenigen, die bereits „viele Ozeane überquert haben", können noch in Atemnot geraten. Das erste Feuer, die erste Leidenschaft kann mit der Zeit erlöschen. Persönliche Lebensumstände können dem Lehrer einen ernsthaften „Streich spielen". Außerdem können die Schüler dem Lehrer „das Leben schwer machen" und ihn zur Verzweiflung treiben. Die „Sorgen-Spirale" ist dann nicht mehr weit entfernt: Die pädagogische Leidenschaft verlässt einen, der Lehrprozess steht still, Schüler fühlen sich durch den Lehrer und dessen Handeln nicht mehr motiviert und der Lehrer versinkt in Hoffnungslosigkeit, weil er aus einer positiven Erfahrung keine Freude und Energie mehr schöpfen kann. Solche Situationen sind nicht unwahrscheinlich. Aufgrund dessen folgt nun eine weitere Ergänzung der These dieses Kapitels: Ein Lehrer muss ebenso auf sich selbst achten und sich dafür auch selbst wertschätzen und lieben.

Ein Lehrer ist für Schüler von großem Wert, wenn er inhaltsorientiert und persönlich sinnvoll und authentisch handelt. Mit dieser Eigenschaft und Qualität kann er zur Persönlichkeitsbildung von jungen Menschen beitragen. Er genießt das Vertrauen seiner Schüler. Diese betreten die Klasse und legen ihr „Lern-Schicksal" in seine Hände: „Sie dürfen uns heute unterrichten." Die Verantwortung des Lehrers ist groß. Er kann die Schüler bewusst unter Druck setzen, sie vom eigenen Lernen abhalten, sie vernachlässigen sowie missachten und ihrer Neugierde und Persönlichkeitsbildung im Wege stehen. Außerdem kann er bewusst Zynismus in die Herzen der Schüler säen, indem er sie entmutigt und ihnen durch Behauptungen wie: „Och, das habe ich auch schon alles einmal mitgemacht, das ist nichts Neues!" oder „Wartet mal ab, euer Enthusiasmus wird schon noch vergehen" die Möglichkeit verwehrt, ein Zeichen der Hoffnung für die Zukunft zu sein. Wie bereits erwähnt, ist der Lehrer gegenüber sich selbst, dem Fach und den Schülern dazu verpflichtet, Sorge für den eigenen spirituellen Haushalt zu tragen. Professionelle Flexibilität des Lehrers erfordert wie bei einem Jazz-Musiker und einem Seiltänzer viel spirituelle Willenskraft und Elastizität. Im Folgenden möchte ich darstellen, wie ein Lehrer bei „Wind und Wetter" in der Klasse *standhaft* bleiben kann.

2. Theorie

Nachdem ich in den vorherigen Kapiteln die Auswirkungen des didaktischen Prozesses auf die Präsenz des Lehrers untersucht habe, möchte ich an dieser Stelle die Ausgangsfrage: „Wie werde/ bleibe ich ein guter Lehrer?" nochmals beantworten. Die Spannung von Planen und „Ent-Planen", Organisieren und Loslassen, präsent sein und sich zurückziehen hat den Prozess auf viele Weisen bestimmt und geprägt. Je nachdem, ob das tatsächliche Lernen des Schülers ins Zentrum gestellt wird und der Lehrer bewusst in den Hintergrund rückt, wird das gesamte didaktische Spiel für den Unterrichtenden nicht mehr greifbar und planbar. In diesem Prozess erweist sich der Schüler als Mensch, nicht nur einfach als ein *Schulwesen*, sondern als ein *menschliches Wesen* mit eigener Persönlichkeit und Seele. Tief in diesem Lernprozess wird das Kind oder der Jugendliche von einem *Schüler* zu einem *Menschen*. Der sinnvolle Zusammenhang von Wissen und Persönlichkeitsentwicklung nimmt im Lernen Gestalt an. Wie bereits mehrmals erwähnt, kann und darf der Lehrer diesen geheimnisvollen Vorgang nicht berühren und schon gar nicht lenken. Er gehört einzig und allein dem „Schüler-als-Mensch".

Eine Klasse, in der ein solches Lernen stattfindet, kann darum als *heiliger Boden* bezeichnet werden: Ein Platz, an dem der Lehrer seine Schuhe auszieht, achtsam das Geheimnis der Menschwerdung von jungen Menschen beobachtet und pädagogisch-didaktisch nährt: „Nicht mehr und nicht weniger."

Motivierende Lernumgebung wird zu heiligem Boden

David Hansen unterscheidet in seinem Buch über den Lehrer als *the moral heart of teaching* fünf verschiedene Umgangsformen der Präsenz des Lehrers[1]: Er bringt eine eigene Persönlichkeit, einen eigenen pädagogischen Handlungscode, moralische Sensibilität, ein Gefühl für Tradition sowie das Handwerk der Didaktik mit, um eine anregende Lernumgebung für junge Menschen zu schaffen. Dieses letzte Element möchte ich näher untersuchen, in der Hoffnung, das Geheimnis der Menschwerdung der Schüler durch den Lernprozess besser zu verstehen. Die moderne Formulierung „eine anregende Lernumgebung gestalten" erlangt hier eine neue und tiefgründige Bedeutung. Es scheint

Basishandwerk eines Lehrers zu sein. Mit beharrlicher Bescheidenheit – mit *tenacious humility*, wie Hansen es im letzten Kapitel formulierte – vertieft und formt der Lehrer die anregende Lernumgebung zu einem heiligen Raum. Alle vorhergehenden Elemente treffen hier zusammen: die Lernstandsdiagnose, die Organisation, die Elementarisierung, die Kommunikation sowie die didaktische Verlangsamung. Sie tragen zu einem Lernarrangement des Lehrers bei, in dem letztlich der Schüler derjenige ist, der *lernt* und sich als Person, als Mensch, Wissen aneignet. In dem Maße, in dem die Verantwortlichkeit und Wirkkraft des Lehrers in diesen Schritten abnimmt, kann die Initiative des Schülers zunehmen. Die anregende Lernumgebung wird heiliger Boden, auf dem das Wunder der Menschwerdung stattfinden kann.

Wie kann sich ein Lehrer in dieser Phase verhalten? Was kann er tun? Er kann nichts tun, außer abzuwarten und zu hoffen sowie sich in Aufgeschlossenheit und Empfänglichkeit gegenüber den Schülern zu üben. Dies ist das größte Paradox des Lehrerseins: Das Geheimnis des Lernens der Schüler vollzieht sich *ohne* den Lehrer, allerdings nicht ohne die von ihm gestaltete und zur Verfügung gestellte anregende Lernumgebung. Die Vollendung des in der Menschwerdung stattfindenden Lernens muss aktiv geplant, aber gleichzeitig auch losgelassen werden. Es ist eine Frage von gleichzeitigem Didaktisieren und „Ent-didaktisieren". Ein größeres Paradox gibt es nicht, außer in der Liebe: Wer lieben möchte, muss alles dafür tun, um den anderen auch loszulassen. In der religiösen Tradition der Mystik bin ich ähnlichen, gleichartigen Mustern begegnet. Auch hier ist die Rede von Liebe als eine bewusste (aktive) Übung im (passiv) Loslassen. Ohne eine vollständige Darstellung zu geben, nehme ich den Leser jetzt mit zu dem, was ich selbst aus der Mystik gelernt habe. Der Zugang hierzu war größtenteils christlich, aber bei näherem Hinschauen sind die Schemata in der Mystik universell und auch im Hinblick auf andere Religionen und (nicht-religiöse) Welt- anschauungen anwendbar, gerade weil sie so menschlich sind. Mensch-Sein und Menschwerdung (durch Erziehung, Bildung und Unterricht) umfassen eine große Anzahl urmenschlicher Konstanten, die ich vorstellen und veranschaulichen möchte. Ich bin davon überzeugt, dass sie auch für den Lehrer, der in seinem „Handwerk" nach Halt sucht, Hilfe und Trost bieten können: Liebe, Ruhe, Schönheit und Berufung.

Liebe

Wissen ist ein Akt der Liebe und Zuwendung. Wer die Wirklich- keit verstehen möchte, lässt sich durch sie erfassen. Ein Wissen- schaftler kann eine Studie mit Leidenschaft durchführen, weil er gerne wissen möchte, wie etwas beschaffen ist. Das Staunen über die Großartigkeit der Wirklichkeit treibt ihn voran. Abraham Joshua Heschel geht noch einen Schritt weiter, indem er sagt: „It is impossible to find truth without being in love."[2] Ohne Liebe für die Wirklichkeit kann sich diese für die menschliche Vernunft nicht wahrhaftig öffnen. Dem schweizerischen Islamgelehrten Tariq Ramadan zufolge ist jeder Lernprozess durch ein dreifaches Kennen und Wissen gekennzeichnet: Erkunden, Erkennen und Anerkennen. Der letzte Schritt ist der „Liebesschritt": Es ist der Moment der Anerkennung, dass die Wahrheit nicht mir selbst gehört, sondern dass ich der Wahrheit gehöre. Dieser Moment ist in keiner Weise mein eigenes Verdienst. Die Wahrheit wird mir geschenkt, ich empfange sie. Ich darf sie empfangen und sie in aller Bescheidenheit genießen.[3]

Wissen ist daher stets ein relationales Geschehen, Offenheit für die Realität, die bedeutungsvollen Anderen und die Weggefährten unterwegs. Der französische Philosoph Luc Ferry umschreibt dies folgendermaßen: „Indem ich mich öffne und den Horizont meiner Erfahrungen erweitere, werde ich ein einzigartiger Jemand, denn ich überwinde die Welt meiner Geburt, ich öffne mich, vielleicht nicht für die Gesamtheit, aber zumindest für breitere und reichere Schichten der Humanität.“[4] „Leben ist, sich der Einzigartigkeit des Anderen auszusetzen, Einzigartigkeit bedeutet lieb haben, zutrauen und empfangen. In solchen kraftvollen und raren Momenten des Diesseits erhaschen die Menschen einen Blick des Jenseits. Melancholie und Schuld verlieren ihren Einfluss und die Menschen können auf fundamentale Weise Glück erfahren.“[5] Ferry ist der Meinung, dass es allumfassendes Wissen und vollkommenes Glück unter den Menschen nicht geben wird. Was wir wahrnehmen und erleben, sind lediglich vorläufige Fragmente von Wissen und Glück.

Im Neuen Testament drückt Paulus es wie folgt aus: „Jetzt schauen wir in einen Spiegel und sehen nur rätselhafte Umrisse, dann aber schauen wir von Angesicht zu Angesicht. Jetzt erkenne ich unvollkommen, dann aber werde ich durch und durch erkennen, so wie ich auch durch und durch erkannt worden bin.“[6] „Denn Stückwerk ist unser Erkennen, Stückwerk unser prophetisches Reden; wenn aber das Vollendete kommt, vergeht alles Stückwerk.“[7]

Ruhe

„Der Kern aller Dinge ist ruhig und endlos!“ sagt der flämische Autor Felix Timmermans. Wer verwundert die Wirklichkeit betrachtet, wird ruhig. Der Moment der Erkenntnis von der Großartigkeit der Welt ist von Ruhe und Ehrfurcht erfüllt. Ruhe ist laut dem flämischen Philosophen Louis Dupré unentbehrlich „to allow reality to reveal itself", damit die Wirklichkeit sich in der lernenden Person offenbaren kann.[8]

Es ist nicht nur eine Frage von „Nicht-Sprechen", sondern mehr noch eine Frage von Standhaftigkeit, von „Nicht-Fliehen" in Unterhaltung, Ablenkung oder Selbstbetrug. Was man häufig sieht, ist, dass Menschen auf der Suche nach der Wahrheit lediglich viele kleine Gruben für sich und andere graben, aber nicht wirklich in die Tiefe gehen. Sie trauen sich nicht, sich selbst zu vertrauen und zu sich selbst zu finden, so die flämische Schriftstellerin Bieke Vandekerckhove.[9] Sie leugnen die innere Unruhe, die jeden Menschen bewegt, wagen es nicht, in sie einzutauchen, sondern entfliehen ihr. „Ruhig-sein" ist eine Form der Konzentration, der Aufmerksamkeit und Zuwendung sowie der Askese: Die Unruhe aushalten, warten, bis das innerliche Chaos und Getöse verstummt, neue Augen und ein neues Herz bekommen und pflegen und dadurch die Anderen und die Welt anders wahrnehmen. In der Ruhe kann man sich voller Empathie Anderen und sich selbst gegenüber öffnen.[10] So entsteht kostbares Wissen, das man sich durch die innere Auseinandersetzung mit sich selbst angeeignet hat. Parker Palmer verweist auf die Tradition der christlichen Wüstenväter und vor allem auf Abba Felix, um zu zeigen, dass Ruhe eine notwendige Voraussetzung für diese Art des empfangenden Lernens ist:

„Abba Felix leads his students into a wordless world. He wants to humble their language, to break down the illusions that we can create reality with our words. He knows where our words and our world come from – that true words and the true world are not mental constructs but a gift of grace, a gift we can receive only as we abandon the illusion that our knowledge manufactures the world. Abba Felix takes his students deep into desert silence, a desolate space where none of their mind-made structures can survive."[11]

Hiermit wird eine besondere Herausforderung an die Schule gestellt: Kann sie ein solchermaßen empfangendes Lernen mit der alltäglichen schulischen Konstruktion und Anhäufung von Wissen verbinden und die Teilhabe des Schülers (siehe Kapitel 6) daran ermöglichen? Ist eine solche Verbindung überhaupt möglich oder schließen sich beide Bereiche gegenseitig aus? Diese Frage bietet viel Gesprächsstoff für die Zukunft.

Schönheit

Ich kann mich immer wieder über die Hässlichkeit von Schulgebäuden und die in den Klassen, auf dem Schulhof und vor den Schultoren vorherrschende Hektik aufregen. Viele Schulen sind erbarmungslos gegenüber ihren Schülern und bieten der Lern- und Wissensbegierde junger Menschen keinen angemessene Heimat. Es mieft nach abgestandener Luft und ist sehr ungemütlich. Darüber hinaus herrscht überall ein „Mordslärm". Verlangsamung, Staunen, Respekt und Erkenntnis können hier nicht eingeübt werden, da einfach kein Platz für Achtsamkeit und Aufmerksamkeit vorhanden ist. Natürlich steht die Schule nicht alleine und ist kein Reservat, sondern gehört zu den verschiedenen Bereichen des hektischen Zusammenlebens der Gesellschaft. Meiner Meinung nach darf Schule aber manchmal auch eine Oase in der Wüste sein!

Im Bereich der Kunst, der menschlichen Genialität und des Schaffensdrangs, in der Literatur, vor allem in *klassischen* Texten und heiligen Schriften, eröffnet sich die Welt der Schönheit, wartend auf unsere *Erkundung, Erkenntnis und Anerkennung* (Tariq Ramadan). Werden wir imstande sein, zukünftige Generationen eine angemessene Hermeneutik zu lehren, sodass sie diese Schönheit entdecken und ihren Wert schätzen lernen können? Werden wir in der Verbindung von Neuen Medien und alten Quellen Wege zu ihr finden, eine Synergie, von der beide profitieren können? Werden Menschen Seelenfrieden in der Schönheit finden oder werden sie sich wie „Touristen" in einer exotischen Vielfalt von Traditionen verlieren und letztendlich daran zugrunde gehen? Werden wir uns als moderne Individuen weiter „hyperbiografisieren" oder werden wir vernünftig sein und es wagen, uns einer Tradition anzuschließen und uns in dieser zu entwickeln und auch bilden zu lassen? Diese Frage nach dem Platz der Schönheit in der modernen Gesellschaft und in der Bildung zu stellen, gehört zu ihren Kernaufgaben.

Berufung

Wissen zu erwerben ist unabdingbar mit der eigenen Lebensbestimmung verbunden: „Was werde ich mit meinem Studienabschluss machen? Wie soll ich mein Wissen für eine bessere Welt einsetzen? Welche Ideale prägen mein schulisches Engagement? Wie lerne ich, Verantwortung für mein Leben zu tragen und Antworten auf fundamentale Lebensfragen zu geben, die auf mich zukommen?" Guter Unterricht unterstützt diesen Entscheidungsprozess von jungen Menschen. Er hilft ihnen bei der Klärung ihrer eigenen „Lebensberufung" sowie ihrem individuellen und einzigartigen Beitrag als Person für die gesamte Gesellschaft. Eine Sorge, die ich mit einigen anderen Menschen teile, ist, ob junge Menschen überhaupt noch „gerufen" und genügend Herausforderungen an sie gestellt werden. Viele junge Menschen sind bereits ausgestiegen, weil sich niemand nach ihnen umzuschauen scheint: „There ain't no point in talking when there's nobody listening", so der amerikanische Theologe Michael Warren.[12] Sie geraten „außer Rand und Band und schlagen über die Stränge" oder aber sie tauchen in die Anonymität ab und verlieren sich im schlimmsten Fall in dieser. Viele passen sich laut Warren's Kollegen Brian Mahan an die Gegebenheiten an: „What you've probably learned best is how to conform, while making it seem like you're not conforming."[13]

Dürfen junge Menschen beim Gespräch über ihr Lebensprojekt, in aller Vorläufigkeit und Geziertheit, ins Stammeln geraten? Wer nimmt sich Zeit für ihre Erzählungen? Wer ist als Erwachsener bereit und geeignet, das Geschenk ihrer Freundschaft zu empfangen? Diese Gedanken stammen aus einem reizvollen Buch des niederländischen Ethikers Hans Reinders über die Würde des Menschen mit einer schweren und mehrfachen Behinderung.[14] Im ersten Augenblick scheint es, als ob solche Menschen anderen nichts zu bieten haben. Ein pädagogisch-didaktisches Konzept hilft ihnen nicht sofort weiter und es scheint, als wären sie nicht in der Lage, überhaupt einen eigenen Lebensentwurf zu entwickeln oder eine eigene „Berufung" zu erleben. Sie sind durchaus von anderen abhängig, aber gerade in dieser Verletzlichkeit liegt ihre tiefste Gabe und Begabung: ihre Freundschaft. Sie zwingen uns dazu, „von unserem hohen Ross wieder herunterzusteigen" sowie unsere pädagogisch-didaktischen Tricks hinter uns zu lassen, um zum Kern des Lernprozesses zurückzukehren: die Freundschaft. Wir können für sie nur etwas bedeuten, wenn wir selbst gelernt haben, was sie für uns bedeuten können. Daher wird hier die pädagogische Beziehung radikal umgedreht und das verletzliche Projekt der Menschwerdung wird deutlich: Selbst ohne ein explizites Lebensprojekt sind sie Menschen, die Zuwendung, Aufmerksamkeit und angemessene Fürsorge verdienen. Pädagogisch-didaktisch präsent sein ist hier identisch mit radikal pädagogisch-didaktischem Loslassen!

3. Inspiration

Ich möchte den eingeschlagenen Weg der Mystik weiter verfolgen und mich von den Erkenntnissen und Ansichten der zwei Mystiker Meister Eckhart (um 1260–1328) und Etty Hillesum (1914–1943) anregen lassen. Ich lade Sie dazu ein, diesen mühsamen, aber spannenden Weg zum „inneren" Leben mitzugehen.[15] Ich bin der Meinung, dass diese Autoren in der Lage sind, etwas von der verletzlichen Tiefsinnigkeit des Lehrerberufes zu offenbaren. *Bildung* – im Sinne von: in Gedanken ein eigenes Bild von der Wirklichkeit kreieren, um sie besser zu verstehen – muss nach Meister Eckhart vollkommen aufgelöst werden. Bildung kann erst dann stattfinden, wenn der Mensch sich zuvor radikal „ent-bildet" hat. Natürlich ist für den mittelalterlichen Mystiker dieser Prozess von religiöser Art: Nur wenn der Mensch sich radikal von der Welt, von Bildern und von Sprache *abgrenzt und absondert*, kann Gott in ihm geboren werden („Gottesgeburt") und nur dann kann laut Eckhart eine wahrhaftige Ein-Bildung oder Lebensweisheit entstehen. Bildung muss „ent-bildet" werden, sodass der Mensch sich zu einem neuen „geadelten" Menschen umbilden kann. Dieses Schema regt pädagogisch-didaktisch, auch aufgrund seiner Konnotation mit Gott, zum Denken an: Der tief gegründete Kern des Menschen, seine Seele, kann nicht in dem, was jemand gelernt oder sich „eingebildet" hat, erfasst werden. Der Kern der lernenden *Person* ist wesentlich tiefgründiger als die *Sache* des Gelernten, als dasjenige, das durch einen Lernprozess in der Person haften bleibt. Der Mensch ist mehr als das, was er lebenslang lernt. Der Mensch ist nicht nur seine *Bildung*.

Bildung durch „Ent-Bildung"

Die Idee Meister Eckharts macht uns noch sensibler für die prekäre Position des Lehrers: Er muss pädagogisch-didaktisch handeln, aber zur Persönlichkeitsbildung kann er nicht wirklich beitragen. Das gehört zu dem Geheimnis der Würde jedes individuellen und einzigartigen Menschen. Kann der Lehrer den Schülern bei der „Ent-Bildung" helfen? Auch hier stoßen wir an die Grenzen des Lehrerberufes. Ein Lehrer muss Sprache und Bilder verwenden, um diese „Ent-Bildung" zu ermöglichen, wodurch er aber zugleich dem Prozess selbst im Wege steht. Vielleicht sind Kunst und Humor als Dekonstruktion des Unterrichts noch am ehesten geeignet: Ein Lehrer, der in Ruhe Raum für Schönheit schafft, oder ein Lehrer, der seine eigene Stunde mit Humor relativieren kann und auf die Kontingenz allen menschlichen Wissens verweist. Auch sich in Askese üben – ein Urteil vertagen und auf Einsicht warten – eine Verlangsamung – pilgerndes Lernen, ohne wirklich zu wissen, wo man ankommt – sind als Beitrag zur „Ent-Bildung" hier nochmals zu nennen.

Etty Hillesum hilft uns auf diesem Weg noch einen Schritt weiter. Als junge jüdische Frau wird sie aus Amsterdam nach Auschwitz deportiert, aber nicht ohne zuvor zu großer Selbsterkenntnis zu gelangen und nicht ohne altruistische Hingabe an ihre Leidensgenossen im Durchgangslager Westerbork. Hillesum ist der Meinung, dass sie die Gabe besitzt, Menschen im Bildungsprozess der „Ent-Bildung" zur Seite zu stehen. Auch sie meint wie Meister Eckhart, dass die wahre Tiefe des Daseins nicht gelehrt werden kann, sondern von jedem selbst zu erkunden und zu empfangen ist. Hillesum ist der Auffassung: Die Gewaltherrschaft der Nationalsozialisten kann und darf nicht mit Bildern des Hasses angegangen werden, sondern erfordert eine neue Innerlichkeit: „Jeder kehrt in sich selbst ein und vernichtet all das, wofür er meint, andere vernichten zu müssen. Und lassen wir uns ins Bewusstsein rufen, dass jedes Molekül Hass, das wir der Welt zufügen, sie noch unbewohnbarer und ungemütlicher macht, als sie es bereits ist.“[16]

Diese Erkenntnis hat auch Etty Hillesum große Mühe bereitet. Es ist auch für sie ein Lernprozess und eine lange Auseinandersetzung mit sich selbst und den Menschen, die sie liebte, gewesen. „Dadurch, dass ich gelernt hatte, in mir selbst zu lesen, bemerkte ich, dass ich auch in anderen lesen konnte. Es kam mir wirklich so vor, als ob ich mit feinfühligen Fingerspitzen die Konturen dieser Zeit und des Lebens abgetastet habe.“[17] „Viele Menschen sind für mich noch wie Hieroglyphen, aber langsam lerne ich, auch sie zu entziffern. Es ist das Schönste, was es gibt: Das Leben aus den Menschen zusammenzulesen.“[18] Die Selbsterkenntnis des Lehrers ist eine Grundvoraussetzung für diesen Prozess. Dafür muss er laut Hillesum „in sich hineinhorchen.“[19]

Leere Hände

Meister Eckhart und Hillesum verweisen beide auf die Bedeutsamkeit „leerer Hände“. Wer Menschen in der Menschwerdung vorausgehen möchte, muss bewusst das Loslassen sowie das Geben und Halten üben. Das bedeutet, die eigenen kurzsichtigen Denkweisen und Vorurteile über Menschen loszulassen und sich der Tiefgründigkeit des einzigartigen Anderen anzuvertrauen. Der Lehrer hält sozusagen Wache in der Einsamkeit und Einzigartigkeit des Anderen, des Schülers.

Der siebte Schritt der in diesem Buch dargestellten „Didaktik der Hoffnung“ ist ein paradoxer Schritt, nämlich der von der Leere in die Stille, jenseits vom pädagogisch-didaktischen Aktivismus. Ein Lehrer, der die Schüler ermutigt, sich auf den Weg der Pilgerfahrt ihres Lebens zu begeben, muss selbst ein Pilger mit leeren Händen werden und auf ausreichend Weisheit hoffen, diesen folgenschweren Schritt – für sich selbst und andere – zu wagen und auch wirklich zu gehen. Jedes der genannten vier Elemente – Liebe, Ruhe, Schönheit, Berufung – gehört zu einem Basispaket von Grundhaltungen eines guten Lehrers. Er gibt sich dem Wissen und der angemessenen Wissensvermittlung mit Leidenschaft hin. Momente der Stille und Innerlichkeit halten ihn, inmitten der Hektik des Schuljahres, wach und in Bewegung. Schönheit bietet unterwegs Trost für die Augen und auch „Seelenfutter". Das Wissen über die eigene Berufung macht ihn sensibel und öffnet ihn für das Lebensprojekt *Mensch*. Meister Eckhart und Etty Hillesum haben ihre Erkenntnisse und Ansichten verschriftlicht. Ebenso kann es für den Lehrer sinnvoll sein, die eigene Entwicklung aufzuschreiben, beispielsweise in Form eines Tagesbuches, in dem professionelle und spirituelle Erfahrungen zusammen notiert werden und sich gegenseitig verstärken. Es spricht für sich, dass auch andere kreative Formen der Inspiration helfen können, den eigenen Lernprozess des „Ent-bildens" und „Um-bildens" zu gestalten.

Es gibt einen wunderbaren Text des Propheten Khalil Gibran, der den Prozess der Menschwerdung durch Erziehung, Bildung und Unterricht poetisch beschreibt. „Unsere Kinder gehören nicht uns, sondern sie gehören sich selbst!", behauptet der Prophet. Wir können sie eine Zeit lang umsorgen, aber von Beginn an muss deutlich sein, dass sie dieses Umsorgtsein überwinden, da sie selbst auf dem Weg zur Selbstversorgung und ihrer eigenen Identität sind. Was sie als Mensch erwartet, lässt sich letztendlich nicht durch unsere Sorge, Wissensvermittlung, auch nicht durch unsere Liebe und Freundschaft bestimmen. Ein Mensch gehört sich selbst und dadurch gehört der Mensch dem Leben. Das soll aber nicht heißen, dass Eltern und Erzieher machtlos und hilflos zuschauen müssen. Ganz im Gegenteil, ihr Engagement ist dauerhaft gefragt.

In der dritten Strophe des Textes werden sie (Eltern, Erzieher, Lehrer …) mit einem Bogen verglichen. Sie müssen Spannkraft aufbringen, sie müssen anziehend sein und etwas zu bieten haben. Sie müssen einen Unterschied vollziehen, indem sie *beharrlich bescheiden* sind (David Hansen), ungeachtet ihrer selbst, aber nicht ohne sie selbst zu bleiben. Standhaftigkeit wird von ihnen verlangt, sodass die jungen Pfeile stark und weit weggeschossen werden können. In der letzten Strophe behauptet der Prophet, dass dieses „Gebogen-werden" voller Freuden steckt, auch wenn jedes Elternteil oder jeder Erzieher aus Erfahrung weiß, dass es auch Leiden mit sich bringt. Wer der Bogenschütze ist und welches Ziel er „auf dem Weg zum Unendlichen" sieht, überlasse ich der Inspirations- und Vorstellungskraft des Lesers.

„Eure Kinder sind nicht eure Kinder.
Sie sind die Söhne und Töchter der Sehnsucht des Lebens nach sich selber.
Sie kommen durch euch, aber nicht von euch,
Und obwohl sie mit euch sind, gehören sie euch doch nicht.

Ihr dürft ihnen eure Liebe geben, aber nicht eure Gedanken,
Denn sie haben ihre eigenen Gedanken.
Ihr dürft ihren Körpern ein Haus geben, aber nicht ihren Seelen,
Denn ihre Seelen wohnen im Haus von morgen,
das ihr nicht besuchen könnt, nicht einmal in euren Träumen.

Ihr dürft euch bemühen, wie sie zu sein,
aber versucht nicht, sie euch ähnlich zu machen.
Denn das Leben läuft nicht rückwärts, noch verweilt es im Gestern.

*Ihr seid die Bogen, von denen eure Kinder als lebende Pfeile ausgeschickt
werden. Der Schütze sieht das Ziel auf dem Pfad der Unendlichkeit, und Er
spannt euch mit Seiner Macht, damit seine Pfeile schnell und weit fliegen.*

*Lasst euren Bogen von der Hand des Schützen auf Freude gerichtet sein.
Denn so wie Er den Pfeil liebt, der fliegt, so liebt Er auch den Bogen, der
fest ist.*"[20]

4. Herausforderung

Sich selbst zu finden, für einen Bogen sorgen, der nicht immer
gespannt sein muss, gut auf sich selbst hören, in sich selbst *hineinhorchen* und gut auf sich selbst aufpassen – dies alles gehört
auch zum Handlungspaket eines guten Lehrers. Liebe, Stille,
Schönheit und Berufung formen einzelne Bestandteile seines
professionellen und spirituellen Haushalts. Fragen am Ende des
Schultags oder am Ende der Lektüre dieses Buches könnten
sein: „Habe ich heute als Lehrer Menschen ‚geheilt‘? Sind meine
Schüler mehr Mensch geworden und haben sie sich selbst, ihre
eigenen Möglichkeiten sowie ihre eigenen Grenzen entdeckt?
Sind sie mehr zu einem großen Ganzen geworden? Habe ich
zu „Heilung" und Ganzheitlichkeit beigetragen? Habe ich nach
dem Lösen von Problemen in der Klasse auch dazu beigetragen,
dass menschliche Würde in der Klasse zum Vorschein kommt?"
Schulen dürfen ihre Lehrer mit solch tiefgreifenden Fragen
nicht ihrem Schicksal überlassen. Inmitten eines stets komplexer
werdenden sozialen, fachlichen und erzieherischen Kontexts plädiere ich für *Schulen mit Charakter*, Schulen mit einer anschaulichen Vorstellung von Menschsein und Menschwerdung. Es kann
nicht sein, dass die Gesellschaft Schulen auf „Lernfabriken" sowie Schulleiter und Schulverwaltung auf „Projektentwickler"

und Lehrer auf „Wissens-Makler" reduziert. Um Schülern ihre eigene Menschwerdung zu ermöglichen, ist mehr notwendig. Schulen haben ein Recht darauf, diese Vision zu formulieren und zu realisieren. Sie dürfen meiner Meinung nach neuen Schwung entwickeln, der dem Bogen des Lehrers Spannkraft verleiht und der die Pfeile zukünftiger Generationen in neue, überraschende und spannende Richtungen fliegen lässt. Das Entwerfen und Entwickeln einer Schulidentität, einer Spiritualität an der Schule, verstanden als Aufmerksamkeit und Zuwendung für das Leben der Schüler und Lehrer der Schule, sind nicht nur ein Privileg von Schulen in kirchlicher Trägerschaft, sondern eine Kernaufgabe jeder Schule. Menschen, ob jung oder alt, sind immer auf der Suche nach „Seelenfutter". – „Oder ist einer unter euch, der seinem Sohn einen Stein gibt, wenn er um Brot bittet?"[21]

Schluss

Kinder und Jugendliche verbringen viele und lange Tage in der Schule. Sie haben ein Recht auf qualitativ hochwertigen Unterricht. Die Gesellschaft ist dazu verpflichtet, in gute Schulen und begeisternde Lehrer zu investieren. Eine qualitativ hochwertige und permanente Bildung muss zu den höchsten Prioritäten der Gesellschaft gehören. In diesem Buch habe ich mich dafür eingesetzt, durch den didaktischen Prozess hindurch die Persönlichkeitsbildung des Schülers ins Zentrum zu stellen. Ich habe nach Wegen gesucht, den Lehrer für diesen kostbaren Aspekt seines Handwerks zu sensibilisieren und ihn dafür auszurüsten. Der Schüler ist mehr als nur ein Schulwesen. Er ist ein Mensch mit einem eigenen Bildungs- und Lebensweg, mit einer eigenen narrativen Identität und einer eigenen Seele. Das Paradox jeglicher Erziehung und Bildung war in diesem Buch allerdings stets präsent: Der Prozess der Persönlichkeitsbildung muss durch den Lehrer pädagogisch-didaktisch unterstützt werden, aber letztendlich entgleitet er der Kontrolle des Lehrers. Der Lehrer schaut zu und bewahrt am Ende darüber Stillschweigen.

Die sieben Schritte auf dem Weg zur Persönlichkeitsbildung haben sieben konkrete Dimensionen des Lehrprozesses erschlossen. Der Fokus lag aufeinanderfolgend auf einem (1) qualitativ hochwertigen, (2) solidarischen, (3) transparenten, (4) kommunikativen, (5) langsamen, (6) vertiefenden und (7) liebevollen Lehrprozess.

Ich gebe zu, dass die pädagogische Dimension immer mehr die Oberhand über die didaktische Dimension des Lehrprozesses gewonnen hat. Diesen herausfordernden Einschub wollte ich bereits von Beginn an so handhaben. Ich hoffe, den Leser davon überzeugt zu haben, diesen Primat der Pädagogik auch bei sich selbst zuzulassen und sich damit kritisch auseinanderzusetzen. Jedes Kapitel kann konkrete Anhaltspunkte für die Reflexion liefern. Erfahrung, Theorie, Inspiration und Herausforderung sind vier Elemente, die beim Nachdenken über die eigene Praxis immer wieder von großem Nutzen sein können. Sie stimmen mit dem alten Prinzip von „Sehen, Urteilen, Handeln" überein. Das Betrachten der eigenen Erfahrung, dessen theoretische Beurteilung und dementsprechendes Handeln stehen in meinem Modell im Mittelpunkt und werden durch die Dimension der Inspiration ergänzt und verstärkt. Ein guter Lehrer nimmt seine Schüler, die Schule, seine Umwelt und sich selbst verschärft wahr und ist in der Lage, seine Praxis zu reflektieren, sammelt Bilder, Texte und Klänge des guten Lebens und kann auf dieser Grundlage angemessen handeln. Was die Inspiration betrifft, so möchte ich folgenden Tipp geben: Nehmen Sie regelmäßig Abstand von der schulischen Praxis, lesen Sie einen Roman oder schauen Sie einen Film, der nicht mit Ihrer Arbeit in der Schule zusammenhängt, und denken Sie gemeinsam, insbesondere mit befreundeten Kollegen, über das tägliche Leben in der Schule mit „allem Drum und Dran" nach. Ohne solche Gefährten wird man es letztendlich nicht alleine schaffen! Bei diesem Gespräch kann Sie dieses Buch konkret unterstützen.

Meine Nichte Loes, die zum Zeitpunkt, als dieses Buch entstand, Lehramtsanwärterin war, bat ich, einige Textentwürfe zu diesem Buch zu lesen. In ihrer Mail gab sie konkret ihre eigene Suche nach dem Handwerkszeug für den Beruf des Lehrers wieder. Was sie schrieb, spricht für sich:

„Hallo Bert, zuerst muss ich mich für diese verspätete E-Mail entschuldigen. Ich hatte gerade eine Praktikumswoche, die doch einige Zeit an Vorbereitung in Anspruch genommen hat. Ich bin endlich dazu gekommen, den Text in aller Ruhe durchzulesen. Ich hoffe, dass es nicht zu spät ist. Als ich den Text gelesen habe, konnte ich mich selbst in vielen Dingen wiederfinden. Ich finde, dass es ein offensichtlicher und gut argumentierender Text ist. Damit meine ich, dass du viele Situationen darstellst, die für uns nachvollziehbar sind. Ich habe selbst lange über diese Ausbildung nachgedacht und tue es auch jetzt immer noch. Ich stelle mir selbst oft die Frage: „Ist es nun wirklich das, was ich mein ganzes Leben lang machen möchte?" In diese Richtung denke ich häufig nach und beschäftige mich mit ihr. Es gibt Momente, in denen ich hierüber fluche, und Momente, in denen ich von vielen Gefühlen überströmt und erfüllt werde, dass dies meine *Berufung* ist.

Die Lehrerausbildung wird häufig von vielen Menschen unterschätzt, so wie ich es auch getan habe. Wenn man anfängt, hat man noch keine Idee davon, worauf man sich einlässt. Es werden hunderte von Dingen von einem verlangt und man ist immer mit allerlei Dingen beschäftigt. Menschen denken zu Unrecht, dass der Beruf *Lehrer* sehr bequem und einfach ist, dass keine große Mühe erforderlich ist und dass die Stunden sich ganz gut von alleine füllen lassen. Ich kann das verstehen, aber Lehrersein geht über die Zeit in der Schule hinaus … [Dann zitiert Loes einige Passagen aus dem Buch, von denen sie findet, dass diese Studierenden in der Lehrerausbildung auf den Leib geschrieben sind.] So Bert, ich hoffe, dass ich dir einen bisschen helfen konnte. Viele Grüße nach Leuven und wahrscheinlich bis zum nächsten Familienfest, Loes."

Dieses Buch kam in der ursprünglichen niederländischen Ausgabe in meinem Forschungsfreisemester im Winter 2010/11 zustande. Das Konzept und erste Textentwürfe erblickten während meines Aufenthalts an der ‚Boston University' im Oktober 2010 das Licht der Welt. Die Arbeit am Manuskript nahm ich zu Beginn des Frühlings im Windschatten meines Arbeitszimmers bei den Ordensschwestern von *Sancta Clara* auf dem Predikherenberg in Kessel-Lo bei Leuven vor. Der Winter war lang und hart. Das Schreiben ging mir nicht immer einfach von der Hand. Ein Buch zu schreiben, ist und bleibt eine harte Arbeit. Als aber dann die ersten Sonnenstrahlen und die ersten lauen Lüftchen sich Bahn brachen, begann der Specht im Wald zu klopfen und mir wurde bewusst, dass der Frühling „im Anmarsch ist". Für mich war dies ein hoffnungsvolles Signal: In der Stille des Winters konnte dieses Buch in Gedanken und Worten auf dem Papier langsam reifen. In den Jahren 2013–2014 wurde es nach und ins Deutsche übersetzt.

Ich bin einigen Menschen, die mich hierbei begleitet und unterstützt haben, besonders dankbar: Meiner Kollegin Mary Elizabeth Mullino Moore, Dekanin der *School of Theology* in Boston, für die anregende Arbeitsumgebung, den Klarissen-Schwestern für ihre Gastfreundschaft während des Winters 2010/11, dem Calwer Verlag für die sorgfältige und aufmerksame Begleitung bei der Drucklegung des Buches, Professor Norbert Mette für das Vorwort, Frau Katharina Welling für das Feedback und Frau Goedele Miseur für das herrliche Foto auf dem Cover dieses Buches.

Auch diese deutsche Ausgabe meines Buches hat einen langen und interessanten Weg hinter sich, auf dem einige Menschen mich besonders unterstützt haben. An dieser Stelle möchte ich mich bei den studentischen Hilfskräften Friederike Ruppert und Carolin Vehr bedanken, die durch ihre Übersetzungsarbeiten dieses Buch nicht nur in der deutschen Sprache wiedergegeben, sondern auch mitgestaltet haben. Mit der letztgenannten Studentin, die zur Zeit im Referendariat ist, habe ich in vielen

Stunden intensiver Feinarbeit an diesem Buch nicht nur viel Unterstützung erfahren, sondern auch im Sinne *des Lernens in der Gegenwart eines Anderen* selbst viel lernen können. Immer wieder kam es zu inspirierenden Gesprächen und Diskussionen, sei es über inhaltliche und grammatikalische Aspekte oder einfach über die sprachlichen Unterschiede und Redewendungen in der deutschen und niederländischen Sprache. Diese Zusammenarbeit hat die Übersetzung des Buches mitgeprägt und selbst den Prozess des in-der-Gegenwart-des-Anderen-lernen und ein „In-sich-Hineinhorchen" erfahrbar machen können.

Ich widme dieses Buch allen Lehrerinnen und Lehrern und allen im Lehramtsstudium, die ich bis jetzt in Belgien, den Niederlanden und Deutschland und in vielen anderen Ländern kennenlernen durfte. Das heilige Feuer ihrer Professionalität ist mir nicht entgangen. Ich komme selbst aus einer Lehrerfamilie. Durch meinen Vater Jos, Schulleiter der Grundschule ‚Nieuwland' in Borgloon, meine Frau Mieke, Religionslehrerin in der Sekundarstufe bei den Ursulinen in Mechelen, und meine Nichte Loes, Lehrerin an einer Grundschule in Zonhoven, habe ich gelernt, was es heißt ein guter Lehrer zu sein. Ich hoffe – wieder die Hoffnung! – dass das Feuer ihrer Leidenschaft zusammen mit dem vieler anderer Lehrer für die zukünftigen Generationen „ansteckend" bleiben wird.

Anmerkungen

Einleitung

1 Der Begriff „Lehrer" umfasst sowohl männliche als auch weibliche Lehrpersonen. Im Folgenden wird allerdings zur besseren Lesbarkeit nur die männliche Form verwendet. Gleiches gilt für die Begriffe „Schüler" und „Leser". Außerdem ist der Begriff „Lehrer" inklusiv gemeint. Es sollen alle Lehrpersonen, die im Unterricht tätig sind, sowohl im Primar- als auch im Sekundarstufenbereich in allen Schulformen, angesprochen werden.

2 P.J. Palmer, Let your life speak. Listening for the voice of vocation, Jossey-Bass, San Francisco 2000, S. 65.

3 Das Leitmotiv der Hoffnung entnehme ich unter anderem Václav Havel, der es wie folgt formuliert: „Hoffnung ist nicht die Überzeugung, dass etwas gut ausgeht, sondern die Gewissheit, dass etwas Sinn hat, egal wie es ausgeht."

4 Vgl. B. Roebben, Religionspädagogik der Hoffnung. Grundlinien der religiösen Bildung in der Spätmoderne, Berlin, LIT-Verlag 2011.

5 Der Fußnotenapparat dieses Buches ist darum bewusst kurz gehalten. Einzelne Vorschläge zur vertiefenden und weiterführenden Lektüre geben nur an, auf welchem Hintergrund meine spirituelle Interpretation des Lehrprozesses basiert. So kann man zum Beispiel Verbindungen mit dem Begriff „Bildungsstandards" oder „Kompetenzorientierung" herstellen und untersuchen, welche Professionalisierungsmodelle des Lehramtes an der Intention dieses Buches anknüpfen.

6 Howard Thurman (1899–1981) war Pfarrer und Leiter von *Marsh Chapel* auf dem Campus der Boston University im Osten der Vereinigten Staaten. Er war ein bedeutender Mentor von Dr. Martin Luther King, Jr., der an dieser Universität studierte. Thurman spielte eine führende Rolle in der Befreiungsbewegung der afro-amerikanischen Bevölkerung in den Vereinigten Staaten. Dafür ging er in den 30er Jahren des vorigen Jahrhunderts in Indien bei Mahatma Gandhi in die Lehre.

Kapitel 1: Diagnostizierung

1 G. Konrád, Tuinfeest, Van Gennep, Amsterdam [6]1989 (ursprünglich Kerti Mulatság).

2 H. Meyer, Was ist guter Unterricht?, Cornelsen, Berlin ⁶2009. Dieses Buch ist gut zugänglich und basiert auf den neuesten Ergebnissen der empirischen Forschung. Es ist außerdem mit übersichtlichen Schemata illustriert.

3 J. Brophy, Teaching (Practices Series 1), International Academy of Education / International Bureau of Education, Brüssel / Genève 1999. Dieses luzide geschriebene Buch ist als Download verfügbar unter www.ibe.unesco.org.

4 H. Meyer, Was ist guter Unterricht?, S. 100.

5 Ebd., S. 97.

6 Ebd., S. 119.

7 Dieses prägnante Bild entdeckte ich bei einer Kollegin, der Religionspädagogin Katherine Turpin in Denver (USA). In einer E-Mail schrieb sie mir, dass sie selbst dieses und viele andere Bilder für den Unterrichtsprozess von ihren eigenen Studenten gelernt hat. Sie fühlt sich permanent durch das bereichert, was ihre Studenten ihr entgegenbringen. Den Text für das Bild kann man nachlesen in: K. Turpin, Learning Toward Justice: Identity-Challenging Education, in: Religious Education 105 (2010) 1, S. 20–24.

8 E.-E. Schmitt, Oskar und die Dame in Rosa, Ammann Verlag, Zürich 2003 (aus dem Französischen übersetzt von Annette und Paul Bäcker).

9 Ebd., S. 20.

10 Ebd., S. 93–94 passim.

11 Ebd., S. 88.

12 P. J. Palmer, To Know as We are Known. A Spirituality of Education, Harper & Row, San Francisco 1983, S. 114–116.

Kapitel 2: Sozialisierung

1 Vgl. B. Roebben, Leben und Lernen in der Gegenwart des Anderen. Autonomie und Angewiesensein in religionspädagogischer Perspektive (Forum für Heil- und Religionspädagogik, Band 6), in: A. Wuckelt, A. Pithan & C. Beuers (Hg.), „Und schuf dem Menschen ein Gegenüber …" – Im Spannungsfeld zwischen Autonomie und Angewiesensein, Comenius Institut, Münster 2011, 32–53.

2 Auf diese Weise beschreibt Martin Buber die pädagogische Beziehung. D. Pekarsky, Excellence in Teaching – Here Too, it Takes a Village, in: Journal of Jewish Education 75 (2009), S. 203–215.

3 Diesen Gedanken fand ich bei P. Palmer, To Know as We Are Known, S. 37.

4 Vgl. B. Roebben, De speelruimte van het geloof. Getuigenis van een theoloog, Davidsfonds, Leuven 2009, S. 37–48.

5 „Recht auf Gleichheit – Recht auf Differenz", zitiert in: H. Meyer, Was ist guter Unterricht?, S. 102.

6 D.T. Hansen, Exploring the Moral Heart of Teaching. Toward a Teacher's Creed, Teachers College at Columbia University, New York/London 2001, S. 156.

7 Das Zitat von Dewey gebe ich im Folgenden vollständig wieder. Es soll zum Nachdenken anregen: „In a distracted age, the need for such an idea is urgent. It can unify interests and energies now dispersed; it can direct action and generate the heat of emotion and the light of intelligence. Whether one gives the name ‚God' to this union, operative in thought and action is a matter for individual decision. But the function of such a working union of the ideal and the actual seems to me to be identical with the force that has in fact been attached to the conception of God in all the religions that have a spiritual content: and a clear idea of that function seems to me urgently needed at the present time" [J. Dewey, A Common Faith, Yale University Press, New Haven 1934, S. 51–52].

8 So umschrieben in E.T. Alii, Godsdienstpedagogiek. Dimensies en spanningsvelden, Meinema Zoetermeer, 2009, S. 162 (unsere Übersetzung).

9 Vgl. B. Roebben, Religionspädagogik der Hoffnung. Grundlinien der religiösen Bildung in der Spätmoderne, LIT-Verlag, Berlin 2011, S. 151–154.

10 R. van Riessen, Lof van de ziel, in: E. Brugmans (Hg.), De ziel in de literatuur (Annalen der Thijmgenootschap, 97), Valkhof Pers, Nijmegen 2009, S. 267–279, hier S. 272–273 (unsere Übersetzung).

Kapitel 3: Elementarisierung

1 W. Klafki, Das pädagogische Problem des Elementaren und die Theorie der kategorialen Bildung, Beltz Verlag, Weinheim 1964.

2 F. Schweitzer, Elementarisierung im Religionsunterricht. Erfahrungen, Perspektiven, Beispiele, Neukirchener Verlag, Neukirchen-Vluyn 2003.

3 J. Valstar, H. Kuindersma u.a., Verwonderen en ontdekken. Vakdidactiek godsdienst primair onderwijs, NZV-Uitgevers, Amersfoort 2008.

4 Dieses Schema ist originell und bis zu diesem Zeitpunkt nur in der niederländischen Version dieses Buches publiziert. Es lässt sich teilweise wiederfinden in B. Roebben, Religionspädagogik der Hoffnung, LIT-Verlag, Berlin 2011, S. 127.

5 G. Stachel und D. Mieth, Ethisch handeln lernen. Zu Konzeption und Inhalt ethischer Erziehung, Benzinger Verlag, Zürich 1978, S. 28–29.

6 H. Kuindersma und J. Valstar (Verwonderen en ontdekken, S. 119–120) fügen dieser Reihe noch ein sechstes Element hinzu: Elemen-

tare Anreize der Medien, welche sie als Elemente einer kraftvollen Lernumgebung beschreiben, die bei den Schülern „das Feuer des Lernens" entfachen, beispielsweise das Internet, die Jugendliteratur, Musik und Weiteres aus der eigenen Lebenswelt der Kinder und Jugendlichen.

7 Vgl. S. 41–42.

Kapitel 4: Kommunikation

1 P. Adriaenssens, Laat ze niet schieten. Geef de grens een plaats in het leven van jongeren, Lannoo, Tielt 2010. „Schieten" bedeutet auf niederländisch sowohl „schießen" als auch „fallen".

2 Vgl. B. Roebben, Religionspädagogik der Hoffnung, LIT-Verlag, Berlin 2011, S. 154.

3 Ich stütze mich hierfür unter anderem auf die Arbeit von H. Lombaerts, Godsdienstonderricht als communicatieve gebeurtenis, in: H. Lombaerts & B. Roebben, Godsdienst op school in de branding. Een tussentijdse balans (Cahiers voor Didactiek 7), Wolters Plantyn, Deurne 2000, S. 81–107.

4 E. Patel, Acts of Faith. The Story of an American Muslim, the Struggle for the Soul of a Generation, Beacon Press, Boston 2007.

5 Ebd., S. 167.

6 F. Kozyrev, The Roles of Dialogue in Religious Education. A Russian Perspective, in: D. Bates, G. Durka & F. Schweitzer (eds.), Education, Religion and Society. Essays in Honour of John M. Hull, Routledge, London/New York 2006, S. 215–227.

7 Ebd., S. 217.

8 Siehe hierfür in D. Hay & R. Nye, The Spirit of the Child, Harper and Collins, London 1998.

9 B. Roebben, Religionspädagogik der Hoffnung, LIT-Verlag, Berlin 2011, S. 156–160.

10 T. Veling, Practical Theology: a New Sensibility for Theological Education, in: Pacifica 11 (1998) 2, S. 195–210, hier S. 204.

11 T. Thijsen, Das greise Kind, Wiener Volksbuchverlag, Wien 1947.

12 G. Kuijer, Het geminachte kind, Arbeiderspers, Amsterdam [11]1987.

13 T. Thijssen, Das greise Kind, S. 12–13.

14 Ebd., S. 179.

15 Ebd., S. 180.

Kapitel 5: Verlangsamung

1 Vgl. H. Lombaerts, A Hermeneutical-Communicative Concept of Teaching Religion, in: Journal of Religious Education 48 (2000) 4,

S. 2–7. Viele sogenannte hermeneutische Knotenpunkte kann man vorab, während der Vorbereitung der Unterrichtsstunde, planen. Man kann mögliche Fragen der Schüler erahnen. Ich vertrete jedoch die Ansicht, dass die meisten Knotenpunkte sich als Überraschungen ankündigen und nicht nur die Schüler, sondern auch den Lehrer staunen lassen. Sie sind für beide Parteien heikel und sorgen genau darum für eine „Lernspannung". Sie halten die Geister der Schüler und Lehrer wach.

2 M. O'Brien, Education as Ascetic Practice. Teaching Theology post 9/11, in: Horizons 31 (2004), S. 355–374.

3 Ebd., S. 367.

4 P.J. Palmer, To Know as We are Known, S. 80–81.

5 Auf der Grundlage dieses Bildes habe ich einen Versuch unternommen, die Religionspädagogik aufgrund der religiösen Erfahrung als sogenannte narthikale Erfahrung neu zu definieren, siehe B. Roebben, Religionspädagogik der Hoffnung, S. 83–98.

6 P.J. Palmer, To Know as We Are Known, S. 71–75.

7 H. Kerkeling, Ich bin dann mal weg. Meine Reise auf dem Jakobsweg, Piper Verlag, München 2006, S. 279–280. Dieses Buch war ein Bestseller, weil die Erzählung alltäglich und zugleich überraschend ist.

8 G. Kuijer, Het geminachte kind, S. 86–100.

9 Ebd., S. 60 (unsere Übersetzung).

10 Ebd., S. 100 (unsere Übersetzung).

11 J. van Spaendonck, De verborgen tiener. Alleen zijn, dagdromen en zingeving in de jeugdjaren, Kok, Kampen 1995.

12 Ebd., S. 219–220 passim (unsere Übersetzung).

13 J. Dewey, Democracy and Education, The Free Press, New York 1916, S. 43 und S. 50.

14 Ein Buch, das in jeglicher Zeit immer wieder eine erneute Lektüre wert ist, ist C. Verhoeven, Tractaat over het spieken. Het onderwijs als producent van schijn, Ambo, Baarn 1980.

Kapitel 6: Aneignung

1 Diese fesselnde Beschreibung fand ich in einem Buch von J. Roeland, Verlorene Wörter, Wiener Dom-Verlag, Wien 2009, S. 15.

2 Ich lernte diese Ansicht von Rainer Maria Rilke (Briefe an einen jungen Dichter, 1929) kennen bei der Lektüre des großartigen Buches: B. Vandekerckhove, De smaak van stilte. Hoe ik bij mezelf ben gaan wonen, Ten Have / Lannoo, Tielt / Kampen 2010. Rilke wird hier auf den Seiten 117–118 zitiert.

3 Vgl. H. Meyer, Was ist guter Unterricht?, S. 168.

4 Siehe vor allem das Buch von C.A.M. Hermans, Participerend leren. Grondslagen van religieuze vorming in een globaliserende samenleving, Damon, Budel 2001.

5 Ebd., S. 283–349.

6 Für eine weitere Erarbeitung und eine kritische Erörterung des partizipativen Lernens siehe B. Roebben, Godsdienstpedagogiek van de hoop. Grondlijnen voor religieuze vorming, Acco, Leuven 2007, S. 121–140.

7 Laut dem englischen Pädagogen Richard Stanley Peters, zitiert in: B. Roebben, Een tijd van opvoeden. Moraalpedagogiek in christelijk perspectief, Acco, Leuven, 1995, S. 126–144.

8 P. Smeyers, Opvoeding: een initiatie in vanzelfsprekendheden. Een Wittgensteiniaans-Lacaniaanse duiding van het opvoedingsconcept, in: Pedagogisch Tijdschrift 12 (1987) 2, S. 81–93.

9 Dies wurde zitiert aus dem sehr lesenswerten Buch: H. A. Alexander, Reclaiming Goodness. Education and the Spiritual Quest, University of Notre Dame Press, Notre Dame (IN) 2001, S. 155.

10 T. van Knippenberg, Existentiële zielzorg tussen naam en identiteit, Zoetermeer, Meinema, 2005, S. 75 passim (unsere Übersetzung).

11 Ebd., S. 76 (unsere Übersetzung).

12 H. Meyer, Was ist guter Unterricht?, S. 166–167.

13 D.T. Hansen, Exploring the Moral Heart of Teaching, S. 167.

14 Ebd., S. 157–191.

15 Siehe beispielsweise B. Banning, Onderwijsdier in hart en nieren. Een persoonlijke visie op groei, professionaliteit en pedagogisch vermogen, Budel, Damon 2007.

16 C.R. Rodgers & M.B. Raider-Roth, Presence in Teaching, in: Teachers and Teaching: Theory and Practice 12 (2006), S. 265–287.

17 John Dewey, zitiert aus seinem Werk How We Think von 1933, in: Ebd., S. 275.

18 A. Enquist, De gedichten 1991–2000, De Arbeiderspers, Amsterdam/ Antwerpen 2000, S. 221.

19 Nach dem Titel des Forschungsberichts: De school staat niet alleen. Verslag van de commissie Samenleving-Onderwijs aan de Koning Boudewijnstichting, Pelckmans / KBS, Kapellen / Brussel 1994.

Kapitel 7: Menschwerdung

1 D.T. Hansen, Exploring the Moral Heart of Teaching.

2 Zitiert in: P.J. Palmer, To Know as We Are Known, S. 58.

3 Laut einer mündlichen Erläuterung durch Tariq Ramadan während eines Vortrags über den „Intellektuellen in der Öffentlichkeit" an der Boston University am 13. Oktober 2010.

4 L. Ferry, Apprendre à vivre. Traité de philosophie à l'usage des jeunes générations, J'ai Lu, Paris 2008, S. 292 (unsere Übersetzung).

5 Ebd., S. 298–299 (unsere Übersetzung).

6 Aus dem ersten Korintherbrief, Kapitel 13,12.

7 1. Kor 13,9–10.

8 Zitiert in P.J. Palmer, To Know as We Are Known, S. 120.

9 B. Vandekerckhove, De smaak van stilte, Hoe ik bij mezelf ben gaan wonen, Ten Have / Lannoo, Tielt / Kampen 2010, S. 124–129.

10 Ebd., S. 119–123.

11 P.J. Palmer, To Know as We Are Known, S. 42.

12 M. Warren, Youth, Gospel, Liberation, Veritas, Dublin 1998, S. 25–42.

13 B.J. Mahan, M. Warren & D.F. White, Awakening Youth Discipleship. Christian Resistance in a Consumer Culture, Cascade Books, Eugene (OR) 2008, S. 123.

14 H. Reinders, Receiving the Gift of Friendship. Profound Disability, Theological Anthropology and Ethics, Eerdmans, Grand Rapids (MI) 2008.

15 Die Literatur ist ergiebig. Zwei Bücher helfen, die beiden Autoren aus erster Hand kennenzulernen: D. Mieth, Meister Eckhart, C.H. Beck Verlag, München 2014; E. Hillesum, Het verstoorde leven. Dagboek van Etty Hillesum, 1941–1943, De Haan, Bussum 1981.

16 E. Hillesum, Het verstoorde leven, S. 164 (eigene Übersetzung).

17 Ebd., S. 161. (eigene Übersetzung)

18 Ebd., S. 158. (eigene Übersetzung)

19 Ebd., S. 156.

20 K. Gibran, Der Prophet, DTV, Frankfurt a.M. 2003.

21 Mt 7,9.

Personenregister